Adultes surdoués

De la même auteure, chez le même éditeur :

Adultes surdoués et les relations amoureuses
Adultes surdoués : S'épanouir dans son univers professionnel
Bien vivre sans surrénales
Coaching diabète (livre + DVD)
Comment mieux supporter les traitements du cancer
Diabète et grossesse (avec le Dr Patrick Tubiana)
Enfants précoces, enfants hors norme ?
Et si ce n'était pas la thyroïde ?
La thyroïde nous en fait voir de toutes les couleurs
Osez vous révéler au travail
Perturbateurs endocriniens, ils sont partout !
Revivre après un cancer du sein (avec le Dr Patrick Tubiana)

ISBN : 978-2-7029-3037-3

www.editions-tredaniel.com
info@guytredaniel.fr
www.facebook.com/tredaniel.reflexion
@tredaniel_reflexion

Dre Valérie Foussier

Adultes surdoués

cadeau ou fardeau ?

Cinquième édition

LE COURRIER DU LIVRE

27, rue des Grands-Augustins
75006 Paris

Je remercie Perrine Vandamme
pour la relecture de ce livre et ses précieux conseils.

Je remercie aussi Laurence Irbec, une femme extraordinaire qui m'a donné de son temps pour la relecture de ce livre à la chasse aux coquilles invisibles pour moi.

Sommaire

Préface

La pensée est la résultante d'un formidable et incroyable maillage de sensations, d'émotions, de souvenirs d'apprentissages et d'expériences passées ; elle est un acte de création, de mise en perspective d'hypothèses, d'analyse, de synthèse et de vérification ; elle apparaît intuitivement, visuellement, ou bien déjà formulée en mots...
La complexité du phénomène de pensée augmente à la mesure de l'intelligence, pouvant devenir à certains moments un travail d'orfèvre, à d'autres être la cause d'un brouhaha infernal impossible à stopper, d'un déferlement sans queue ni tête et terriblement angoissant.

Pour tout un chacun, être intelligent est un cadeau de la vie, dont on n'a pas à se vanter, encore moins à se plaindre, c'est une chance. Mais, comme le dit si bien Valérie Foussier, le cadeau peut aussi être un fardeau...

Une amie pédopsychiatre et psychanalyste, avec laquelle j'évoquais mes interrogations sur les possibles articulations du Haut Potentiel Intellectuel avec certains symptômes, me répondit : « *En fait, la question serait plutôt de savoir pourquoi on ne parle jamais de l'intelligence. Qu'est-ce qui fait qu'on n'en tient pas compte pour nos patients ?*».

Il persiste en effet une méconnaissance certaine des « originalités de fonctionnement » liées au Haut Potentiel Intellectuel. Ces originalités concernent la manière de penser elle-même, se manifestant par le bouillonnement intellectuel, le besoin de toujours comprendre, trouver, dépasser les limites de la pensée et de la connaissance. Elles concernent en outre le mode sensoriel et émotionnel avec une hyperesthésie dans ces deux domaines, un besoin vital d'espaces de dégagement à l'abri des sur-stimulations, un idéalisme et une affectivité débordante... Elles se situent enfin à l'imbrication des deux, avec un phénomène de potentialisation de l'intellect par l'émotionnel et l'affectif, qui renforce la bascule du sujet dans une dialectique du « tout ou rien » : vouloir - et pouvoir - l'impossible quand le climat émotionnel est positif, être réduit à l'impuissance et à l'inhibition dans le cas contraire.

Bien sûr, et fort heureusement, la plupart des personnes à Haut Potentiel Intellectuel trouvent spontanément un équilibre de vie satisfaisant et n'ont pas de motif à se poser de questions particulières sur leur intelligence et encore moins de raison de consulter un « psy » (à condition, à notre époque qui valorise le dépassement des limites, de ne pas avoir cédé

au surmenage, risque récurrent chez le sujet à Haut Potentiel Intellectuel, adepte du « toujours plus », et trop confiant, faute d'en connaître les limites, dans ses capacités de résistance).
La qualité de l'environnement affectif et éducatif des premières années de vie aura été déterminante pour ceux-là. En effet, un environnement adapté permet à l'enfant de grandir et de se construire, tout d'abord dans le regard de ses parents et de son environnement, puis dans ce qu'il aura intégré pour lui-même de ce regard, en fonction de ses tendances et aspirations propres.
Cet « environnement adapté » peut être schématisé comme un environnement qui reconnaît l'enfant dans sa singularité, qui pose un cadre cohérent - donc sécurisant - sur les plans affectif et éducatif, qui comporte une certaine souplesse et une capacité de remise en question intrinsèque. Cet environnement transmettra à l'enfant un reflet assez fidèle de ce qu'il est, dans ses forces et ses faiblesses, que l'enfant pourra s'approprier pour grandir dans sa connaissance de lui-même, pour appréhender en parallèle l'image qu'il donne à autrui et ainsi moduler l'interface entre les deux, connaissance interne et regard externe.

Un cadre éducatif et affectif trop rigide, ou trop lâche, ou bien incohérent, n'est favorable à l'épanouissement de quiconque, et sera au contraire le terreau de symptômes. Hors de cette hypothèse extrême, un cadre adapté mais méconnaissant l'intelligence particulière de l'enfant, composante indissociable de sa personne, ne permettra pas non plus à l'enfant, puis à l'adulte qu'il sera devenu, d'avoir un renvoi fidèle de sa singularité. La question centrale et récurrente de la problématique du Haut Potentiel Intellectuel chez l'adulte est en effet celle du regard porté sur cette intelligence et cette sensibilité particulières, reconnues ou non, valorisées ou non, et, le cas échéant, sur quels aspects. Etre « haut potentiel » sans le savoir, c'est porter une différence, plus ou moins visible, plus ou moins encombrante, sans pouvoir affirmer et assumer cette différence.

Ainsi, à travers ma pratique, je constate que la plupart des sujets à Haut Potentiel Intellectuel que je rencontre ne « connaissent » pas leur intelligence. Certains ne se savent pas intelligents, voire se jugent même carrément inintelligents, parce qu'ils n'ont pas su qu'ils avaient ce potentiel, ou n'ont pas su l'utiliser. D'autres utilisent cette intelligence comme un écran protecteur entre leur hypersensibilité et l'environnement, ou une défense pour lutter contre des symptômes psychiatriques. D'autres encore ne se sentent intelligents qu'au travers d'une réussite scolaire ou professionnelle, occultant la question de leur sensibilité et de la richesse de leur personnalité. Et tous luttent contre la bascule du « tout ou rien », du « à quoi bon ? » (à quoi bon se lancer si on n'est pas sûr de réussir ?), ou bien l'épuisante succession « de hauts et de bas » émotionnels, par méconnaissance de l'articulation entre leur intelligence et leur émotionnalité.
Aucun n'a acquis le mode d'emploi indispensable pour ne pas tomber dans les pièges de l'intelligence, à savoir équilibrer les énergies, suivre ses intuitions plutôt que le moule commun, ne jamais perdre de vue le besoin vital qu'ils ont de donner un

sens à leur vie, de se sentir d'une utilité plus vaste que leur intérêts propres, au même titre que leur vision des choses est plus élargie que la moyenne.
Ces sujets luttent de manière permanente contre le sentiment de décalage, inhérent à leur intelligence, alors qu'il leur faudrait apprendre à l'assumer pour s'adapter à leur environnement avec moins de souffrance. Ce décalage signifie pour eux « bizarrerie », « bêtise », « anormalité », « inadaptation », chacun ayant pour le qualifier un terme péjoratif, conséquence de ce qu'ils ont entendu sur leur compte, ou conclusion qu'ils ont eux-mêmes donnée à leurs échecs, avec l'aide de leur Surmoi particulièrement intransigeant.
Sans parler de leur « obligation » de sur-adaptation à l'environnement, du sentiment qu'ils ont régulièrement de ne pouvoir être appréciés, aimés, qu'à la condition de répondre aux attentes de leurs proches.

Le livre de Valérie Foussier s'adresse à ceux-là, qui, pour aller mieux, ont tout d'abord besoin de lire dans ces pages l'écho de leur propre ressenti. Ce livre peut briser une première barrière, essentielle, celle de la solitude du sujet. L'appropriation du fait qu'il n'est pas le seul à penser ou sentir comme cela, que les conflits internes entre des aspirations contradictoires qu'il ressent, peuvent concerner d'autres personnes est un élément en soi déjà rassurant. C'est une fois faite cette prise de conscience que le sujet pourra passer à la deuxième étape, qui est de faire le point de ses forces et faiblesses, d'éclaircir les zones d'ombre qui peuvent subsister. Pouvoir se référer au MBTI, moyen d'avoir un regard externe sur son tempérament et ses traits de caractères, sera une aide précieuse (pour une fois que le sujet à Haut Potentiel Intellectuel peut « rentrer dans une case », quel confort, quelle sécurité !). Enfin, il pourra trouver des moyens de s'adapter et d'adapter son environnement pour moins souffrir et moins faire souffrir, au final pour trouver un équilibre de vie beaucoup plus harmonieux.

Valérie Foussier nous invite donc, avec son style personnel, à découvrir les particularités, « de l'intérieur » de ce qu'est le haut potentiel au travers de sujets aussi divers que l'impact du stress sur la santé, l'intérêt du MBTI, les relations amoureuses... Elle ne propose pas de solutions toutes faites, mais donne l'envie de se poser la question : « Et moi dans tout cela, où est mon originalité, de quelle richesse ai-je envie de tirer parti ? ». Et il me semble que la vraie voie est là, « se trouver » dans la vérité de son être, plutôt que se « sur-adapter » encore un peu mieux à l'environnement.

Dr Perrine Vandamme, psychiatre.
En écoutant ses patients, en butant sur certaines prises en charge, elle a acquis la conviction qu'il fallait plus et mieux prendre en compte le rapport au monde et le style d'intelligence du sujet, et ce, quel que soit son potentiel intellectuel.
Elle est à l'initiative de la création d'une association de recherche dont la tâche est de mieux formaliser les spécificités du Haut potentiel et ses articulations avec la psychiatrie.

Introduction

Surdoué ! Vous avez dit haut potentiel, HP ! Vous parlez de mon voisin. Non moi ! Je ne serais donc pas fou ! Après tant d'années d'errance, de doute, de confusion, d'angoisse, de malentendus, quel bonheur de donner un nom à ma bizarrerie-folie.

Non Mesdames HP, Messieurs HP, vous n'êtes point folles ou fous. Vous disposez d'un haut potentiel que je nomme ici HP, un cadeau inestimable : curiosité insatiable, rythme mental en ébullition, imagination débordante, sens aigu du langage, esprit critique aiguisé, hypersensibilité, extra lucidité, empathie hors du commun, mode de raisonnement fonctionnant par association d'idées. Ce cadeau vous permet de réaliser monts et merveilles. Vous subissez votre HP en suscitant une constante jalousie. Vous expérimentez la face noire de votre hypersensibilité, yoyos émotionnels, qui tantôt vous emballent pour des choses dérisoires bourdonnant dans le vide, tantôt vous font interpréter des situations à tort ou vivre un échec, un reproche de façon démesurée. Vous êtes comme une rivière asséchée, un sillon vide dans une souffrance totalement incomprise, un lourd fardeau.

Certains adultes connaissent leurs cadeaux, dépistés dans l'enfance ou adolescence. D'autres l'ignorent. Trop ont mis leurs doutes en sûreté dans un coffre-fort dont la combinaison est tombée dans l'oubli. Ils vivent tiraillés entre l'adaptation à outrance à tout et la rébellion sur tout et notamment l'autorité. Ceux qui ne s'adaptent pas et ne se rebellent pas sombrent dans une débauche, un puits sans fond alimenté par une source inépuisable. Vous dépister HP, ça change tout, même à 40 ans. Vous retrouvez le cadenas de votre coffre-fort, un sentiment de soulagement, de reconnaissance, et une reprise de confiance en soi. C'est ainsi que beaucoup d'entre vous, tardivement diagnostiqués HP décrivez ce que vous avez ressenti lors de cette découverte. Vous pouvez mettre un mot sur votre singularité. Vous pouvez comprendre pourquoi vous souffrez, pourquoi vous êtes l'objet de moqueries, pourquoi vous vous ennuyez. Enfin, vous comprenez pourquoi vous êtes en perpétuel décalage. Vous avez un mode de fonctionnement qualitativement très différent et l'aurez toujours.

> *« Depuis que j'ai été dépistée, à la suite d'une conversation avec Valérie, tout est fluide (voir www.congres-virtuels.com ou valériefoussier.com). Je me suis désinhibée dans ma vie personnelle et professionnelle. Peur de rien. Je vis tout plus intensément, supporte de moins en moins la tiédeur. J'ai choisi mon chemin. J'aime qui je suis et je continue ma recherche intérieure pour vivre au plus juste de moi. » Sophia*

Vous pouvez vous découvrir HP lors d'une consultation pour votre enfant, à la remise des résultats du test de QI (quotient intellectuel).

> *« Lors de la consultation, suite au dépistage de la précocité de ma fille, j'avais l'impression que la psychologue parlait de moi et non de ma fille. J'ai mis 6 mois pour oser effectuer ces tests de QI, de peur de m'être fait des idées. Depuis que je sais, j'ai déployé mes ailes dans tous les sens, surtout dans le domaine de la créativité et de l'innovation. » Héléna*

Posséder une intelligence exceptionnelle n'est pas une garantie de bonheur et de réussite. Vous vivez dans un labyrinthe. Pour se repérer, une analyse de soi aide à trouver l'embranchement vers la plénitude. Il existe différents types de fonctionnement, à comparer aux différents types de personnalité décrits par Myers et Briggs mère et fille (MBTI), chez vous adultes HP, anciens enfants HP qui n'avez pas perdu vos dons. Vous luttez contre l'omniprésence envahissante de la pensée, cadeau-fardeau à la fois excitant et angoissant, par la créativité ou l'hyperactivité. Une étude auprès d'adultes HP détaille les facteurs de motivation et de démotivation qui concourent à améliorer votre qualité de vie, qui m'est chère. Je prône le développement de la créativité, une sorte de repos de la pensée. Votre créativité, éclat de votre personnalité, redore votre estime de soi. Quand vous la laissez s'exprimer, vous vous accomplissez. Vous entrez dans le palais du bonheur, un lieu avec une histoire, un voyage.

Combien êtes-vous à avoir été qualifiés d'impossibles, d'inadaptés, d'ingérables, de fatigants, d'ultra compliqués, d'asociaux, d'irrespectueux, d'impétueux, d'insatiables, d'incompréhensibles. Combien êtes-vous englués dans votre différence, à marcher gauchement, à ne pouvoir voler avec vos ailes collées au corps. Vous seriez environ un million d'adultes en France, (2 à 3 % selon les spécialistes), concernés. Je dirais environ deux tiers de personnes diagnostiquées et un tiers qui s'ignorent. Certains d'entre vous vivent très bien, cadeau. Beaucoup sont en grande souffrance, fardeau, surtout lorsque vous n'êtes pas dépistés.

Ce livre a pour but de vous faire découvrir, et de vous rendre la vie plus belle, vous qui êtes considérés encore comme des marginaux, et qui vivez blessés par votre extra lucidité, en lisant dans le regard des autres votre étrangeté. Levez le déni, la méconnaissance de ce HP. Liberté et sérénité viennent dans l'acceptation de ces dons, qui ne sont nullement une folie. J'espère que ce livre vous aidera à prendre votre envol. Votre liberté qui vous a été volée, vous nés avec HP, sans pouvoir toujours l'exprimer. Mon vœu le plus cher est que vous trouviez le chemin du bonheur, avec votre singularité HP cadeau-fardeau.

Eruption

Passé tumultueux,
Sens en ébullition.
Moments vertigineux
Pensées en éruption !

Eruption éphémère,
Qui brise les fers !
Eruption de richesse,
Eruption de sagesse.

« Les grands esprits ont toujours rencontré une opposition farouche des esprits médiocres. »
Albert Einstein

Introduction à la troisième édition

Vous avez été nombreux sur toute la France à me donner votre avis sur ce livre et sur votre vécu HP, par mail ou de visu. Au moment de la lecture, vous êtes pour la plupart dans une phase de questionnement, de doute qui demande une écoute spéciale. Le mail et la consultation sont deux approches différentes et complémentaires. Aussi, je profite de cette nouvelle édition pour vous remercier de votre retour essentiel pour améliorer ma pratique. Pour moi, l'expérience est nécessaire. Elle crée et peaufine la théorie. Je peux mieux répondre à vos questions et améliorer votre qualité de vie.

Votre ressenti.

Trop souvent, vous avez eu une enfance vécue dans la tristesse, l'isolement, l'humiliation, l'incompréhension de votre entourage. Vous êtes devenus ce que l'on attend de vous, bien loin de vos aspirations. Vous avez la sensation de ne plus rien comprendre ni maîtriser. Vous avez l'impression d'être en location de votre propre corps, sans aucun repère. Vous ne savez plus vers qui vous tourner. Vous êtes sous l'emprise d'une panoplie de symptômes d'ordre psychiatrique qui peuvent conduire à des diagnostics erronés et des traitements aggravant votre état. Vos relations amoureuses sont chaotiques aboutissant à une grande solitude affective. Vous n'arrivez pas à pardonner, à vous pardonner vos erreurs.

« J'ai la sensation que je vais exploser sur le plan cérébral. Trois ans de dépression, seule, j'ai le tuyau des émotions bouché. Je ne me sens jamais à ma place, rejetée. Je trouve les gens ennuyeux. »

Vos questions

Comment peut-on être heureux quand on est si décalé avec les autres le monde extérieur. Doit-on obligatoirement passer les tests ?

« Dois-je passer les tests de QI, car j'ai peur d'échouer.
J'ai peur de ne jamais être heureuse et de passer
le reste de mes jours seule.
J'ai peur de me tromper en passant les tests. »

Vos constatations

Vous vous reconnaissez. La découverte de votre mode de fonctionnement est un soulagement. Elle vous permet de mieux comprendre et d'accepter ce volcan difficile à maîtriser.

« J'ai dévoré ce livre, je me sentais tellement concerné.
Je n'ai plus peur de mon cerveau.
Je ne réfléchis plus trop mais plus vite.
Je joue le prélude de ma vie à 40 ans. »

Mes constatations

Vous avez l'art de vous compliquer la vie et de vous torturer pour un fait banal, de vous auto-détruire en prenant des décisions qui vous emmènent dans l'impécuniosité, consciemment ou inconsciemment, de reproduire plusieurs fois les mêmes erreurs. Vous vous épuisez en salive et en énergie à vouloir tout expliquer et tout justifier sans cesse et sans fin. Vous avez un don indiscutable pour attirer les manipulateurs, nuisibles en plein essor, aussi bien dans votre sphère intime que professionnelle par votre empathie extrême et votre résilience, cette capacité à encaisser l'insupportable en vous relevant illico presto. Le principe est simple : le vice par l'apparence de l'innocence. Le bonheur du moment, que les manipulateurs s'évertuent à vous faire vivre, vous rend amnésiques. Vous oubliez instantanément toutes vos déconvenues. Ce pouvoir surnaturel de vous remettre immédiatement, effraie et est incompris de la plupart. Ceci a pour conséquence de vous considérer comme un affabulateur ou une affabulatrice hors pair, accentuant votre tendance naturelle au débordement émotionnel. Ce volcan en pleine éruption a pour effet de vous mettre tout le monde à dos, une bombe en plein cœur. Victime d'un bourreau qui s'en sort avec quelques égratignures, vous devenez victime de la médecine, de la justice, terrassés par une cascade d'injustices. Vous êtes encore trop nombreux à être victimes de votre résilience drapés dans une souffrance, qui explose ou qui implose avec un sourire de façade. Un trop plein de vivre l'intolérable sans être cru.

Introduction à la deuxième édition

Suite à la sortie de ce livre en novembre 2012, j'ai reçu de nombreux messages de lecteurs qui se sont reconnus dans ces lignes. Je souhaite vous faire partager le témoignage de Nathalie qui résume bien les dédales d'une vie d'adulte surdoué.

Bonjour Docteur Foussier,

Vous écrivez à la fin de votre ouvrage "Adultes surdoués, cadeau ou fardeau" : "Mon plus grand bonheur est qu'une personne au moins se reconnaisse, pour qu'elle rattrape au moins vingt ans d'absence par le sourire de ces lignes."
Quelle humilité de votre part...

Je suis cette personne là, qui grâce à vous, retrouve l'envie de continuer à vivre le reste de sa vie un peu plus décemment qu'elle l'a vécue jusqu'à présent.

Chacun de vos mots trouve une résonnance au plus profond de moi.
Pardon pour la longueur du mail qui suit... J'imagine que vous avez beaucoup de travail. Cela fait plusieurs mois que j'ai envie de vous écrire sans trouver le courage d'y parvenir, cette nuit j'ai trouvé la force de déloger la pierre qui bouchait la source.

(...) J'ai été diagnostiquée adulte HP un peu par hasard il y a deux ans, "dans la foulée", suite au diagnostic HP de ma fille qui a aujourd'hui 9 ans.
Ma vie est un perpétuel combat contre la nourriture. J'écris "contre" mais je pourrais tout aussi bien écrire "avec" puisqu'au final, la nourriture m'a peut-être permis de ne pas devenir folle... et de vous écrire aujourd'hui.

Comment vous ai-je rencontrée ?

Lorsque j'ai lu votre préface du livre de Muriel SERVAIS, j'ai eu un choc ! Comment une personne pouvait décrire mon comportement dans des détails aussi intimes sans m'avoir jamais rencontrée... Grand mystère...*

J'ai rencontré Muriel SERVAIS dans la foulée, magnifique rencontre, beaucoup d'espoir pour moi, mais j'ai été ces derniers mois trop "épuisée" psychiquement pour donner suite, faire le voyage régulièrement depuis la province et surtout, avoir la force "d'y croire".
Je suis ressortie de cette aventure avec une couche de culpabilité supplémentaire, mais vu le nombre de "couches" qui me collent à la peau... je ne suis plus à une couche près et j'ai continué à me "traîner".

---

*Muriel Servais, *Eliminer le poids de ses émotions avec la Psycho-Diététique®*, Editions JLyon, 2012

J'ai acheté votre ouvrage "Adultes surdoués : cadeau ou fardeau" quelques mois plus tard avec de la culpabilité également (vous allez me dire : qu'est-ce qui ne vous rend pas coupable ?) sans faire le lien avec vous car je n'avais pas retenu votre nom. Coupable car pourquoi dépenser de l'argent pour un énième livre sur la douance, alors que j'avais déjà dévoré tant d'ouvrages sur le sujet...
Lorsque j'ai commencé à lire votre livre et que j'ai compris que vous étiez la personne qui avait écrit la préface du livre de Muriel SERVAIS, j'ai été prise pour la première fois de ma vie d'une "crise de sanglots" entrecoupée de spasmes à l'estomac... J'étais littéralement "cognée" par ce que je lisais. Une porte s'ouvrait devant moi.

Vous avez une façon si proche, si pertinente, si brillante et si simple à la fois d'expliquer la souffrance des personnes HP que cela m'a fait l'effet d'un baume sur des plaies vives... Ces personnes, vous les AIMEZ, et c'est de cela dont elles ont le plus besoin. A chaque page je vous serrais dans mes bras, et je trimballais votre livre partout où j'allais dans la maison, témoin vivant que "oui, je n'étais pas dingue et qu'il existait certainement une sortie à mon cauchemar".
Tout ce que vous écrivez me parle, est porteur d'un espoir fou pour moi qui ai pris une vingtaine de kilos l'année dernière en l'espace d'un temps record sans qu'aucun thérapeute n'ait pu me soulager (homéopathie, accupuncture, la psychologue qui me suit, kinésiologie...).
Je suis consultante en ressources humaines et j'ai obtenu récemment la certification MBTI pour mon plus grand bonheur. Votre livre m'a également permis de comprendre pourquoi ce MBTI est un rayon de soleil dans ma vie.
J'ai également pris connaissance du congrès virtuel, les paroles de Perrine VANDAMME m'ont éclairée, nous aurons certainement l'occasion d'en reparler.

Voilà les raisons pour lesquelles je souhaite vous rencontrer... J'ai 49 ans, j'entre certainement dans une phase de pré-ménopause et je souhaite faire un bilan endocrinologique, avec l'espoir de me soigner et de (re)trouver une silhouette de femme... Comment dois-je m'y prendre ?

Je suis prête à payer le prix qu'il faudra, faire les voyages depuis Nancy... L'idée de vous rencontrer me donne une force incroyable, j'ose m'accrocher à cet espoir fou.
Merci du fond du coeur de m'avoir lue...

Nathalie

Je remercie les nombreux lecteurs qui m'ont fait part de leur ressenti à la lecture de ce livre. Ils m'ont comblée de joie.

J'aimerais ajouter ces quelques lignes :
Je ne connais pas de réussite facile ni d'échec définitif, seulement des essais négatifs que vous pouvez transformer et faire rebondir en victoire. Cependant, la transformation demande quelques ajustements. Ne pas dire immédiatement toutes les vérités aussi vraies et criantes soient-elles. Les déguiser ou attendre le moment propice pour les dévoiler. Avoir le courage d'affronter ses ennemis, d'aller vers eux et d'avoir de l'empathie pour eux. Lorsque vous aurez vécu cela, vous ressentirez une double victoire et connaîtrez un bonheur nouveau sans borne, le nœud rose sur une robe de satin.
C'est en croyant aux roses qu'on les fait éclore. Cherchez et cueillez les roses de votre vie. Le bonheur est une mosaïque de pétales de roses harmonieusement collectionnés.

1re partie

Un cadeau fardeau

Cadeau fardeau

Vous êtes décalés en permanence dans tous les domaines. Vous vous sentez différents sans savoir pourquoi. Vous êtes exigeants. Vous avez un cerveau qui ne s'arrête jamais de penser et vous vous faites des nœuds au cerveau. Vous avez besoin d'être dans l'action en permanence et de sensations fortes et d'être en compétition. Quand vous vivez une passion, vous la vivez à fond. Vous vous ennuyez à suivre les pas lents des autres. Vous attendez les autres en permanence. Vous vivez dans un monde imaginaire pour pallier l'ennui. Vous vous adaptez aux autres comme un caméléon. Vous refusez de vous adapter à un système non-sens. Vous vous sentez isolés, seuls sans amis. Vous êtes incompris même dans l'humour. Vous êtes conscients de ne pas toujours comprendre les autres. Vous aimez discuter à bâtons rompus et changer de sujet. Vous proposez des solutions, des idées. Vous aimez le Beau, le Bon, le Vrai. Vous ne supportez pas l'injustice. Vous êtes sensibles au monde extérieur, à sentir une odeur imperceptible, à entendre un son inaudible, à être dérangés par une infime lumière. Vous aimez aider les autres sans attendre de retour nécessairement. Il se peut que vous soyez un adulte à haut potentiel, un HP.

Vous, HP, avez d'abord été un enfant HP (lire *Enfants précoces enfants hors norme ?*). Les signes ne se dévoilent pas à l'âge adulte. Ils étaient bel et bien présents dans l'enfance, respectés, méprisés, niés, pas vus, masqués, bridés. Il n'y a pas de lien systématique entre le HP et la réussite. Il n'est pas l'apanage des catégories socio-professionnelles supérieures ni de la personne en bonne santé. Le HP chez la femme est plus difficile à faire accepter. Vous dérangez car vous êtes trop débordantes, trop sensibles, trop intuitives, trop empathiques, trop verbales, et avez trop d'énergie. Vous jonglez en permanence avec le cadeau et le fardeau de votre mode de fonctionnement. Cadeau, chercher et créer, votre seconde nature. Fardeau, sous le joug de l'ingérence de votre hypersensibilité. Vous vivez une souffrance paradoxale par les remarques blessantes et la tyrannie des autres.

Vous êtes considérés comme…

Votre réalité intérieure est mal sentie. Vous êtes perçus comme étant trop en tout. Vous êtes trop lents ou trop rapides. Vous êtes trop bavards ou trop silencieux, un tantinet autistes. Vous n'êtes pas dynamiques. Vous êtes trop dynamiques et trop fatigants à vivre.

Caractéristiques communes de ces êtres « Trop »

- Trop passionnés
- Trop dispersés
- Trop rapides
- Trop élitistes
- Trop perfectionnistes
- Trop curieux
- Trop susceptibles
- Trop affectifs
- Trop empathiques
- Trop créateurs
- Trop rêveurs
- Trop conceptuels
- Trop charismatiques
- Trop excentriques
- Trop difficiles à supporter
- Trop indépendants ou trop dépendants
- Trop anxieux
- Trop soucieux des autres
- Trop à la recherche de sensations trop fortes
- Trop changeant d'humeur
- Changeant trop de sujets
- Trop critiques, trop rebelles

Vous pouvez être pris pour des bipolaires. Certes, certaines phases d'exaltation, pensées dans tous les sens, changement inopiné de sujet au cours d'une conversation, peuvent le faire évoquer. Mais le passage vous basculant à la suite d'un regard acéré comme une lame dans la seconde qui suit dans un émotionnel négatif, devrait infirmer ce genre d'assertions. Je ne connais pas de personne bipolaire qui passe d'un état euphorique à un état de profonde tristesse plusieurs fois par jour. Ce devrait être un signe pathognomonique de HP, ces immenses sautes d'humeur qui vous sont si caractéristiques ! Ces yoyos émotionnels ! Voici comment on vous juge de l'extérieur. Une vision diamétralement opposée à la vôtre, responsable d'un geyser de souffrance dont vous vous protégez par un casque en métal blindé, ne laissant personne entrer dès qu'on tente d'envahir vote intimité profonde et de déjouer votre cadenas.

Votre vécu intérieur

La perception des uns diffère de la réalité des autres, ce qui génère des remarques désobligeantes vécues comme une injustice. Vous avez une force insoupçonnée de recevoir la négativité d'une atmosphère. Cette force peut induire un sentiment de culpabilité de ne pas trouver de solutions aux malheurs d'autrui, *fardeau*. Vous avez cette même force à percevoir la beauté de la nature, pouvant être à l'origine de troubles de concentration, *cadeau-fardeau*. La peur de l'échec est votre hantise, soumis à une surpression permanente. La peur de l'humiliation vous taraude quotidiennement. La peur de la raillerie vous épuise. Vous avez une peur viscérale d'avoir blessé l'autre.

Dans toutes vos forces cadeaux, des faiblesses fardeaux s'échappent comme vous avez les défauts de vos qualités. Les fardeaux peuvent se transformer en cadeaux grâce à un travail sur soi et une meilleure connaissance de soi. La prise de conscience de votre HP et l'acceptation de votre HP sont déjà un premier pas et transforment vos fardeaux en cadeaux. Vous devenez plus armés pour surmonter les conflits, franchir et dépasser vos barrières.

Vous avez aussi besoin de trop de reconnaissance. Ce besoin est totalement ignoré des médias et de vous-même. Ce besoin de reconnaissance est source de mal-être lorsque vous n'en avez que normalement. Source d'extrême mal-être lorsque vous n'en n'avez point, ce qui arrive souvent car on pense à tort que votre HP vous exempte de cette reconnaissance. Faux, archi faux ! Bien au contraire, vous avez besoin de beaucoup d'attention, dans vos prises de décision, dans vos découvertes, car pour beaucoup d'entre vous, vous n'avez pas conscience de vos dons. Ils vous paraissent exister de la même façon chez les autres, ce qui engendre chez vous une attente qui n'est jamais satisfaite et qui explique aussi cette douleur de vivre. Qui ne s'est pas dit un jour : je suis capable de le faire alors pourquoi pas lui ? Justement pas lui ! Cessez d'exiger chez les autres ce que vous êtes capables de faire ou d'être et vous serez bien plus heureux. Amenez-les à faire comme vous ou être comme vous pour le plus grand bonheur de tout le monde.

Depuis quand connaissez-vous vos cadeaux-fardeaux ?

Dans l'enfance ou adolescence

Vous avez été dépistés dans l'enfance. Votre HP a toujours été respecté. Vous avez été bien encadrés, en phase avec la société. Vous le vivez comme un cadeau.

Incompris à l'école, vos parents ont dû vouloir vous « déscolariser » de la voie normale, vous inscrire dans des écoles spécialisées. Dévalorisés chez vous, vous vous êtes fondus dans la masse à l'école ou vous vous êtes perdus et avez refusé de vous adapter. Votre parcours a été des plus chaotiques. Vous le vivez comme un fardeau.

A l'âge adulte

Vous êtes dépistés HP à l'âge adulte par hasard, par erreur, par curiosité, par identification à l'un de vos enfants. Vous n'êtes pas encore dépistés HP et certains d'entre vous ne le seront malheureusement jamais. C'est à ceux-là encore plus que je m'adresse, ceux qui échappent. Parmi vous jamais dépistés, vous vivez en errance, vous ne comprenez pas ce qui s'est passé, et qui vous êtes. Vous n'arrivez pas à construire votre vie professionnelle, sentimentale, humaine, qui correspond à ce que vous voulez de la vie, à vos idéaux, à vos valeurs humaines fondamentales. Vous vous considérez comme des ratés en marge sans réel projet. C'est une souffrance muette sans mot car l'origine du mal n'est pas comprise. Comment nommer l'innommable, ignoré.

Intérêt du dépistage

Ce dépistage HP très tôt est capital pour mieux grandir, pour éviter des diagnostics déformés ou erronés. Vous pouvez aussi être dans le déni. On a pu vous le cacher dans l'enfance. Vous camoufler le diagnostic, c'est violer votre personnalité. C'est vous faire grandir en vous amputant d'une partie de vous-même, de vos ailes. Face à certaines situations, vous vivez des choses infâmes sans savoir pourquoi. Vous vous sentez singuliers et peinez à vous intégrer dans un groupe. Vous vous sentez rejetés. Vous pouvez même rechercher une situation pour être rejetés. Vous souffrez sans avoir les clés qui en expliquent les raisons. Votre sensibilité est vécue comme un défaut fardeau à réprimer et non un atout cadeau.
Savoir qui vous êtes, le fameux *connais-toi toi-même* de Socrate est un principe pour bien vivre. C'est la base de la construction de soi. Reconnaître que vous êtes un adulte HP, c'est respirer avec une personnalité construite sur des formes atypiques de fonctionnement intellectuel et affectif. C'est renaître. Vous avez d'abord été un enfant HP. Le savoir, c'est vous donner toutes les possibilités de vous épanouir au plus près de vous-même. Vous avez été un enfant HP atypique. Vous deviendrez un adulte également HP atypique. Vous pouvez aussi exprimer votre HP à un moment donné de votre vie, à l'âge adulte et pas nécessairement dans l'enfance ou l'adolescence. Chacun son chemin. Le destin ne recule pas.

Votre vie, de l'enfance à l'âge adulte, est et sera parsemée d'embûches. Ces embûches vous permettent de développer une force inouïe, un cadeau inestimable, la résilience.

Découverte du haut potentiel (HP) chez l'enfant ou l'adolescent

Très tôt, quand on regarde dans votre rétroviseur, on peut constater que vous aviez une panoplie d'indices. Vous êtes nés avec ce HP. Il s'explique par l'excès d'une substance dans le cerveau qui permet la connexion ultra rapide des différentes zones du cortex et les transferts d'informations ultra rapides et de la mise en action de ces réseaux de neurones chargés d'informations. Les imageries cérébrales montrent cette activation cérébrale.

Qui êtes-vous ?

A la maison

Bébé inspecteur, vous ne regardez pas le monde. Vous le transpercez de votre regard scrutateur. Déjà tout petit, vous êtes vifs, curieux. Vous interrogez de votre langage non verbal le monde entier. Vous absorbez avec vos sens exacerbés tout ce qui se passe autour de vous, à l'extrême. Vous passez d'un statut de non langage au quasi langage adulte avec une syntaxe correcte sans passer par un stade langage bébé. Le vocabulaire est rapidement riche et élaboré et le jeu rapidement maîtrisé. Vous posez rapidement les questions en cascade « pourquoi, pourquoi, pourquoi » sans répit pour vos parents. Vous avez l'art de poser des questions sur des thèmes existentiels qui angoissent les adultes car ils ne savent pas toujours y répondre. Pourquoi on vit... Après la vie, la mort c'est quoi... avant les hommes qu'est-ce qu'il y avait ? Et pourquoi les hommes existent... Vous voulez tout savoir, vous voulez tout comprendre. Vous voulez aussi qu'on vous réponde immédiatement sans laps de temps. Vous sentez rapidement les mensonges et les réponses détournées non justes. Vous lisez avant l'heure.

A l'école

Le temps de l'école est le temps des premières douleurs. Vous ne comprenez pas la simplicité. Vous ne décodez pas les implicites de l'école. Vous les interprétez différemment. Ceci constitue un malentendu fondamental avec l'école et l'enseignement. Vous insistez pour répondre à côté, hors sujet. Ce n'est ni de la provocation ni de l'insolence ou de l'opposition mais une simple incompréhension, une vraie incompréhension. Vous avez besoin de comprendre pour répondre, vous ne pouvez répondre sans ce passage obligatoire de compréhension et de compréhension exacte. Pas de l'à peu près. Vous recevez une critique négative : *ta façon de faire n'est pas la bonne.*

> *« Quand j'ai un problème à résoudre, je vois le début, je vois la fin mais au milieu je ne vois rien. »*

Vous avez du mal à accéder aux procédures. Par exemple, un problème en mathématiques ne peut être détaillé lorsque la solution finale arrive sans pouvoir être expliquée. Vous obtenez contre toute attente une mauvaise note. Vous êtes décontenancés. Vous ne savez plus comment faire, pourquoi ça ne fonctionne pas. Moins vous comprenez, plus vous vous renfermez. On vous bouscule avec des *ne fait pas d'effort, doit travailler plus sérieusement, doit expliquer, a copié.*

Vous pouvez aussi avoir des ennemis dans l'acquisition, les troubles de l'apprentissage, qui ne vous épargnent pas : dyspraxie, dyslexie, trouble de l'attention. La difficulté est que tous ces troubles peuvent passer inaperçus car vous compensez vos difficultés avec votre intelligence et votre rapidité. Jusqu'à un certain moment où ce n'est plus possible, ce qui joue sur votre moral. Vous vous retrouvez face à un échec que vous, ni personne, n'avez anticipé. Cela se manifeste par des difficultés scolaires. Les dépister tôt est essentiel.

Vous rencontrez les premiers moments d'ennui. Vous n'avez pas besoin de deux explications ou de refaire n'importe quel exercice. Vous intégrez tout du premier jet. L'ennui va empoisonner votre parcours scolaire et favoriser ce fameux décalage qui va encore compliquer votre intégration et votre équilibre psychologique car vous décrochez. Vous n'êtes plus attentifs. Vous perdez des informations nécessaires pour votre évolution.

Ce sont aussi vos premières rencontres, les premiers amis. Les relations sont difficiles avec les autres. Se faire des amis, se faire aimer, c'est un enjeu de toute une vie. Vous avez l'émotion prodigue, encore une caractéristique de votre personnalité. Vous ressentez tout si fort, y compris les émotions des autres. Vous devenez perméables à l'environnement ce qui vous conduit à des réactions, des comportements qui doivent paraître démesurés, inadaptés et très étranges pour les autres. Des larmes soudaines sans explication, une colère violente, une peur incompréhensible et injustifiée, un enthousiasme démesuré pour une futilité. Ce yoyo émotionnel peut vous rendre étrange aux yeux des autres. Vous finissez même par avoir honte de vos réactions incontournables que vous essayez de cacher. Votre sens exacerbé de la justice vous conduira aussi à des prises de position ou des interventions intempestives jusqu'à une certaine violence avec bagarre, mots ou gestes, violence physique ou verbale. Vous n'oubliez pas d'affronter vos professeurs, sans aucune notion de hiérarchie. L'enseignant peut considérer votre intervention comme impertinente, méprisable, irrespectueuse. Grave erreur. C'est là que votre capital confiance commence à s'entamer par les

premières expériences de l'école. Et l'échec scolaire peut pointer le bout de son nez comme une étoile brillante dans un ciel d'ébène.
Trop souvent vous vous faites traiter de nuls, de *peut-mieux-faire*, de fainéants, de *je-sais-que-tu-peux*. Vous êtes supposés TOUT RÉUSSIR et RÉUSSIR en TOUT. On tolère encore moins chez vous un résultat moyen qui devient inacceptable avec votre HP. Vous n'avez alors qu'une idée, ne plus penser et faire le vide. Vous développez ainsi une inhibition intellectuelle, une phobie scolaire, un déni. Vous avez déjà une peur bleue d'échouer ou une mésestime de vous très importante. La pression est néfaste et accentue le voile de honte qui vous enveloppe. Elle augmente votre culpabilité et votre peur de ne pas y arriver et elle peut aggraver la situation.

Difficile à éduquer

Les affrontements arrivent. Vous éduquer, vous élever, vous accompagner au quotidien est d'une grande richesse mais demande une énergie plus que soutenue chez vos parents. Du matin au soir et du soir au matin, vous sollicitez, intervenez, argumentez sans répit. Vous voulez toujours savoir pourquoi et vous remettez en question toutes les consignes qu'on vous demande. Vous êtes confrontés aux premières remarques de l'école digérées par la famille. Vous êtes un testeur de limite et le non vous insupporte au point que pour accéder à la tranquillité, vos parents cèdent à vos caprices ce que vous intégrez très vite. Vous poussez les gens à bout, parents et enseignants. Vous avez un rapport aux adultes délicat. Vous parlez aux petits, aux grands, sans distinction, sans crainte non plus.

Parents, vous risquez aussi de trop demander à votre enfant qui a une propension à toujours vouloir faire plus. Respectez les temps de pause et son rythme sans le surinvestir dès le plus jeune âge.

L'adolescence

En grandissant, vous développez une image déformée de vous, une image attaquée par le monde des adultes. Au fil des années, vous vous sentez vulnérables et fragiles, incompris. Vous étiez épanouis petits, vous devenez renfermés à l'adolescence. L'adolescence survient souvent très tôt et est un cap difficile à passer. C'est la tempête, passage obligatoire. Une transformation qui touche la totalité de votre être sur le plan intellectuel, physique, corporel, affectif, social. C'est à l'adulte de vous soutenir avec toutes ses béquilles.
L'adolescence est aussi un moment où vous avez besoin d'être comme tout le monde, de rentrer dans un groupe. Ici, vous êtes encore plus seuls, plus isolés. Vous connaissez vos premières désillusions, vous vous sentez trahis. Vos questions sont amplifiées et vos réponses entraînent une nouvelle question. Vous vivez un engrenage de questions existentielles sans réponse. C'est aussi l'heure des choix. Il s'agit parfois de choix impossibles, d'orientation pour l'avenir. Les conseils des adultes ne sont pas toujours appropriés. Injonctions paradoxales, *maintenant tu dois choisir, tu n'as plus le choix*. Cette assignation vous fige. Comment sortir de cette impasse. Vous n'avez qu'un objectif en tête, changer le monde. Bien vite, vous vous rendez compte que vous n'en avez pas la possi bilité. Vous découvrez un monde injuste avec peu de possibilité

de le voir évoluer. Vous poussez le vice jusqu'à vous dire pourquoi vivre et vous pouvez ne pas hésiter à mettre un terme à votre existence. A l'adolescence, vous ne pouvez admettre les injustices du monde et ses incohérences. Votre extrême lucidité rend difficile l'obtention d'une sérénité intérieure. Elle entrave votre projection de l'adulte. Vos analyses avec acuité de tous les risques à venir peuvent vous provoquer une peur authentique et vous bloquer dans votre développement. Votre mode de fonctionnement est particulièrement anxiogène. Vous avez tendance à vivre les évènements en trois dimensions : avant pendant, après. Vous vous sentez à la fois acteur et spectateur. Vous anticipez ce qu'il va se passer et ce que l'autre va répondre, les émotions de l'autre. Certains d'entre vous se plaignent de ne pas pouvoir vivre simplement un évènement sans être obligé de tout décortiquer et percevoir tout dans les moindres détails.

La puberté ne s'enclenche pas toujours à l'heure que vous souhaitez (voir chapitre sur la puberté dans *Enfants précoces enfants hors norme ?*) ce qui vous exaspère. Vous avez peur d'être amoureux. Cette résistance aux sentiments amoureux est souvent très forte. Vous encourez le risque de relâcher les digues et de vous retrouver emportés par une vague d'émotions que vous ne pourrez plus contrôler ni maîtriser. Votre sentiment de différence va être encore plus vivace à l'adolescence, ayant du mal à appartenir à un groupe. La bande, emblème de l'adolescence. Vous risquez d'être déçus dans vos tentatives d'intégration, mis à l'écart par vos idées révolutionnaires. Il appartient à l'adulte de vérifier la bonne santé morale de son adolescent.

L'intervention d'un psychiatre peut être nécessaire auprès de vous, ado. Une sorte de combat dans une arène entre un toréador et son taureau. Vous avez peur que l'on s'approche de votre vécu émotionnel, que vous protégez avec une énergie farouche. Mécanisme de défense, protéger son territoire émotionnel. C'est avec subtilité que le thérapeute pourra vous faire baisser la garde et accepter que quelques émotions s'échappent de votre carapace hermétique.
On vous présente comme des petits génies que l'on jalouse avec vos dons incroyables. On oublie votre grande souffrance dans vos différences et celle de vos parents souvent désemparés face à votre douleur ou à l'annonce de nouvelle. Votre éducation devrait être adaptée à votre HP. Vous avez l'illusion que vos camarades vivent dans le même monde et partagent les mêmes émotions. Or, comme votre mode de fonctionnement est très différent, vous ne comprenez pas du tout leurs réactions. En usant votre temps à cacher vos émotions ou à pleurer en silence, faire le pitre, vous pouvez développer des troubles du comportement que vous risquez de conserver à l'âge adulte. L'incompréhension est totale entre les enseignants et les parents.

Dépistage dans l'enfance

A 4 ans, tu tannes ta maman pour faire des additions à retenue. On lui reproche de te faire travailler à outrance. Je te propose le dépistage ainsi qu'à ta maman qui me répond : je ne fais que ce que j'aurais voulu qu'on fasse avec moi. Tu as été admiré(e). On a applaudi tes prouesses dès l'âge d'un an.

Tu es impatient(e), même pour l'arrivée de ton biberon. Tu es un bouffeur né de temps. Tu es paradoxalement très paresseux surtout pour les tâches vides de sens. Il t'arrive de préférer jouer plutôt que de faire tes devoirs. On a pleuré pour tes échecs insultants, tes possibilités ou les aspirations de tes parents. Tu t'es noyé(e) dans la normalité pour faire comme tout le monde et surtout pour éviter d'être surnommé(e) Miss-intello, Monsieur-je-sais-tout ou être à l'origine de quolibets. Il n'existe pas un seul profil d'enfants comme toi, ce qui en fait la richesse et aussi la difficulté (voir *Enfants précoces, enfants hors norme ?*).

> *« Depuis que j'ai été testée, j'ai pu sauter une classe en cours d'année. La vie est plus facile et mon ancienne institutrice moins énervée. Depuis, mes parents, mon nouvel instituteur ont compris qui je suis, avec un cerveau qui fonctionne autrement et que l'on ne peut jamais arrêter de penser. » Clémentine, 7 ans.*

Devenir adulte

A l'âge adulte, votre impatience peut devenir exaspérante. Vous connaissez des destinées bien différentes, loin de vos aspirations. Vous avez dû suivre la voie parentale, royale pour eux mais pas pour vous, aux antipodes de vos désirs. Vous avez la possibilité d'intégrer Normale Sup alors pourquoi chercher les difficultés à percer en tant que pianiste, vous dit votre mère. Vous avez été reçus à Science Po et vous vous inscrivez à la Comédie Française ! C'est juste impossible vous rétorque votre père. C'est quand vous êtes très éloignés de votre passion loufoque que vous sombrez dans un mal-être pas toujours identifiable et vous vous enfermez dans une gangue. Parfois vous osez aller jusqu'au bout de vos souhaits et vous quittez plus tôt le nid familial ou entrez en conflit avec. Vous vivez des déchirements qui vous terrassent malgré votre cuirasse hautaine dédaigneuse que vous affichez. Parfois, vous avez une famille en or qui vous suit dans votre voie créative, celle qui fait peur justement. Acteur de théâtre, photographe, artiste peintre, musicien.

Vous pouvez aussi ressentir un grand décalage depuis l'école vous poussant à l'isolement, la rébellion et la déscolarisation inquiétante pour les parents et les enseignants. En bon autodidacte que vous êtes, vous saurez obtenir le diplôme adéquat pour exercer dans un domaine qui vous plaît, quitte à partir à l'étranger. Vous ferez des petits boulots pour gagner votre vie, un tremplin nécessaire pour retrouver confiance et les moyens d'accéder à vos aspirations. Car vous connaissez votre valeur, même si elle n'est pas mise en exergue.

Vous abordez le monde de façon originale et personnelle, l'occasion de sarcasmes. Vous réagissez de façon inhabituelle et inattendue. Vous avez confiance en vous et perturbez par votre assurance, votre anticipation et votre analyse fine. Très rapidement, vous faites le tour de la question sans appel, alors que les autres en sont seulement au balbutiement du problème. Vous savez aussi vous adapter plus facilement ou, au contraire, vous refusez tout compromis et adaptation par le nivellement par le bas. Dans ce cas, vous risquez d'être mis sur la touche plus facilement. Vous êtes soumis à un apprentissage personnel obligatoire pour limiter votre détresse et accroître votre pouvoir caméléon qui doit être top niveau, si vous ne voulez pas perdre votre temps et souffrir. Vous devenez maître dans l'affrontement des difficultés, la résilience.

Résumé haut potentiel (HP)

Etre HP, c'est fonctionner avec une intelligence différente en étant souvent victime de yoyos émotionnels et avoir un immense poil dans la main. C'est être en empathie perpétuelle, palpant toutes les émotions des autres. C'est vivre avec ses cinq sens surdéveloppés, ce qui entraîne une réceptivité sensorielle exacerbée. C'est avoir une activité cérébrale de haute intensité avec un nombre de connexions de neurones significativement plus élevé, des réseaux de neurones qui se déploient dans toutes les zones du cerveau. C'est avoir un traitement des informations en arborescence avec une ramification rapide d'associations d'idées. C'est avoir un déficit de l'inhibition latente qui oblige le système cérébral à intégrer toutes les informations en provenance de l'environnement sans tri préalable et qui explique d'en avoir plein la tête. C'est aussi avoir des difficultés à accéder aux stratégies classiquement utilisées lors de la résolution d'un problème, du fait d'utilisation d'autres circuits neuronaux ultra rapides.

Enfant HP vous avez été, adulte HP vous deviendrez. Votre haut potentiel ne s'envole pas, au contraire. Votre mode de fonctionnement est à vie. Vous pouvez cependant, grâce à une meilleure connaissance de vous-même, augmenter votre liste cadeau et faire fondre votre liste fardeau. Le grand jour arrive d'être d'adulte. Un déclic. Vous êtes soucieux, un peu effrayés quand arrive l'aube de ce grand jour. Maintenant ouvrez le volet adulte.

Pour être heureux, cultivez le goût de l'effort dès le plus jeune âge et développez votre pouvoir adaptatif caméléon au maximum.

Lire Patrick Miss : *Les Parias d'Aubenas, collégiens "surdoués"*, éditeur: Pierre Lasne, Edition de la Mouette : www.editiondelamouette.com

Découverte à l'âge adulte

Vous vivez dans le prolongement de votre première jeunesse. Est-ce une réalité, un concept, un rêve ? Il existe un fossé entre être adulte aux yeux des autres et se sentir adulte soi-même. Etre adulte, c'est prendre par la main l'enfant que vous avez été. Vous avez déjà vécu et vivrez encore une myriade de fêlures. Vous avez développé des mécanismes de défense pour les soigner et assurer votre survie dans un cadre acceptable. Vos mécanismes de défense sont tantôt des personnalités d'emprunt, tantôt des forces, la résilience. La résilience est, avant tout, une endurance face à des agressions itératives. Vous vous êtes construits sur la base d'être la personne que les autres veulent que vous soyez, souvent en muselant votre vraie personnalité dotée de richesses insoupçonnées.

La personnalité adulte HP est toujours marquée par ce sceau, mode de fonctionnement différent associée à une sensibilité extrême, qui imprègne chaque moment de la vie. Vos premiers

mots qui vous viennent aux lèvres, lorsqu'on évoque cette possibilité sont : *non, ce n'est pas possible, je suis trop nul, je ne suis pas brillant... je n'ai pas un parcours excellent.*
Vous vous découvrez HP, rarement par vous-même. Via la lecture d'un livre, parce que quelqu'un vous le dit. Via vos propres enfants ou ceux des autres. Se penser très intelligent est rarement le fait de ceux dont l'intelligence culmine. L'humilité, le doute, la remise en question de soi sont plus couramment les automatismes de la pensée du HP. Il faudra de multiples rencontres, des informations entendues, réentendues, des lectures fortuites et des relectures pour que s'élèvent faiblement les premiers murmures HP. C'est souvent dans le regard des autres que vous chercherez les premières confirmations. Vous poserez certaines questions anodines. Vous interrogerez ceux qui vous ont connu enfant sur certains épisodes de votre vie. A l'occasion d'un mal-être, d'une maladie, vous demanderez l'avis d'un professionnel. C'est rarement directement, trop difficile, trop audacieux, trop impossible. Vous avez presque honte de votre audace à imaginer que cette voie peut vous emmener jusqu'à vous-même. Tout au fond de vous, souvent, vous sentez une petite voix qui vous souffle parfois ces mots secrets à l'oreille, une petite voix qui vous dit « pourquoi pas toi ? » Mais bien sûr, une petite voix qui souligne combien ce portrait de HP vous ressemble. Ecoutez votre petite voix intérieure. Elle a souvent raison. Elle est l'écho d'intuition intime sans oser vous l'approprier. Quand vous écoutez votre voix intime, c'est clair. Le diagnostic devient une libération. Cela donne du sens à vos comportements, aux évènements de votre vie, aussi incompréhensibles soient-ils.

Il explique aussi votre décalage constant, un écroulement soudain après avoir été un(e) brillant(e) élève. C'est aussi une ouverture sur une nouvelle inquiétude. Vous pouvez ressentir un sentiment de désespoir d'être encore comme ça ou vous questionner sur l'impact que ça aura dans votre vie. Ce qui change, c'est la cage qui s'ouvre. Vous étiez prisonnier de votre vie intérieure, de votre vie antérieure, vous aviez vos ailes collés contre votre corps, là elles se déplient comme un oiseau qui prend son envol et vous pouvez le prendre comme un rapace. La liberté s'offre à vous. Vous laissez tomber les masques. Vous vous autorisez à être ce que vous êtes, et tout redevient possible. Vous pouvez aussi être de ceux qui n'ont pas eu la chance de croiser un éclaireur qui vous donne cette vérité.

Quand vous n'êtes n'est pas diagnostiqué HP

Vous êtes inadaptés au niveau de votre intelligence, ce qui fait que cela vous est totalement abscons, ésotérique, fumeux, inintelligible. Je vois dans vos yeux, votre détresse, la vérité de votre détresse, tout le désespoir du monde figé dans une pupille.

Votre vécu

Vous pouvez subodorer votre différence. L'entrevoir ne signifie pas la diagnostiquer et la comprendre. Vous avez éprouvé la sensation d'enfermement dans le système scolaire. Vous avez eu un comportement atypique qui justifiait des consultations en pédo-psychiatrie. La détresse ressentie devient un mal chronique. Le vide qui vous sépare de vos amis s'agrandit au fil des jours. Le monde extérieur est vécu comme une planète hostile, une belle hypocrisie ou médiocrité. Vous êtes en permanence critiqués. Vous êtes entiers. Vous avez l'esprit de contradiction et la critique au bord des lèvres. Vous faites peur. Vous êtes indiscrets, indélicats. Vous ne respectez pas la hiérarchie. Vous dérangez sans savoir pourquoi. Vous avez du mal à accéder à un poste de responsabilité quand vous osez le demander. Vous pouvez être paresseux pour des tâches quotidiennes sans intérêt, rebelle aux procédures routinières. Vous devenez alors antipathiques et pouvez être pris pour des idiots, rôle que vous savez jouer avec brio. A force de vous cantonner au profil le plus bas, vous perdez votre chance d'évoluer dans un groupe qui vous correspond. Vous passez à côté de vos aspirations profondes. Vous ne vous adaptez plus à votre entourage. Vous ignorez votre potentiel. Le niveau de vos études peut vous avoir conduit à des professions dans lesquelles vous n'êtes pas à votre place, à fréquenter des milieux où vous usez vos forces à vous couler dans un bloc de marbre. Vous focalisez votre énergie à masquer cette différence, à étouffer votre colère latente qui vous envahit, votre frustration qui vous mine. Cela vire à l'autodénigrement avec une mésestime de soi gigantesque. Vous devenez désabusés de la vie ! Vous pouvez transférer votre mésaventure chez vos enfants, en sabotant leurs études par ignorance, par reproduction du schéma parental ou par jalousie. Il vous arrive de refuser inconsciemment l'épanouissement de vos enfants. Épanouissement qui vous a été retiré. Épanouissement que

vous étiez en droit d'avoir. Vous émoussez votre potentiel créatif et par là même votre productivité. Vous attendez la mort comme on guette une amie. Vous évitez le contact social ou vous recherchez vos pairs sans le savoir. Vous fuyez les dissensions et utilisez le compromis, ou bien vous cherchez l'affrontement en vous révoltant contre votre entreprise pour un détail. Vous vous réfugiez dans des heures supplémentaires interminables, dans vos hobbies.
Pire, vous avez été diagnostiqués tôt et on vous a caché cette vérité par peur de... Oui c'est possible. Vous pouvez avoir eu des parents ou autres qui ont eu peur que l'élève dépasse le maître.

Combien êtes-vous ?

Vous qui souffrez en silence ? Qui vous enfermez ? Qui vous repliez ? Qui culpabilisez ? Qui déprimez ? A être diagnostiqués à tort d'hyperactifs et à être traités pour le bien-être des autres ? A avoir une sensibilité à couper le souffle, un regard qui vous déshabille ? A dissimuler vos pensées dans tous les sens, vos attentes, votre curiosité ? A vous fabriquer un masque de cire ? A avoir été ces enfants objets d'exaspération des parents, des enseignants. A répondre aux attentes familiales pour vos choix de vie sans trouver votre voie ? A renoncer à votre famille pour réaliser vos vœux ? A être heureux et connaître la plénitude ?

Votre masque de cire

Votre divergence ne disparaît pas. Vous continuez à penser, à ressentir, à interpréter et à raisonner différemment. Vous bricolez un style de vie, un style d'être qui vous permet de vous prémunir contre l'hostilité du monde qui n'agit pas selon vos critères. Deux directions vous sont offertes : être E.T. ou un caméléon. Vous vous épuisez à trouver une place de choix dans un groupe ou vous vous isolez et vous étiolez dans votre silence. Pourquoi ce qui semble si naturel chez les autres est si difficile chez vous et vice versa, pourquoi ce qui vous semble si facile paraît une montagne à déplacer pour les autres ?

Vous pensez souvent que, puisque vous savez le faire, les autres aussi. Erreur, non justement. Vous vous appropriez les émotions des autres et ne comprenez pas qu'il n'en soit pas de même pour vous. Vous développez une certaine aptitude à éviter les conversations gênantes, les affrontements ou explications dans le seul but de vous défendre contre votre séisme émotionnel. Vous adorez remettre au lendemain. Vous pouvez choisir de cacher votre HP, de le réduire à néant pour ne pas heurter le groupe, la famille, pour vous couler dans la norme. Vous pouvez être victime d'une cruauté d'un groupe envers un intrus. L'enfouissement ne réduit aucunement la différence qui pèse sur votre comportement, votre rapport avec le monde. Il influence certainement votre choix de vie et peut vous pousser sur un mauvais chemin abrupt rocailleux.

On mesure à l'aune de la souffrance, le poids de la différence dans la vie d'un homme ou d'une femme. Celui qui est différent apprend très tôt dans la solitude à se protéger des difficultés intimes qu'il rencontre. Vous allez de l'avant ou vous stagnez et connaissez un clivage entre votre vraie personnalité et vos valeurs auxquelles vous êtes attaché. Vous prenez alors une personnalité d'apparence, un masque de cire pour vous préserver. Ce masque ne vous met pas à l'abri d'un abattement, qui conduit à des échecs affectifs, sociaux et professionnels. Votre capacité à vous motiver sommeille, tout en ne pouvant pas débrancher l'ordinateur central.

Cortège de signes évocateurs de HP

Vous avez cette capacité à juger positivement vos propres actes. Vous répondez de façon originale, vous bousculez les stéréotypes. Vous poussez au challenge et entraînez quiconque à l'ouverture d'esprit, même le plus fermé. Vous encouragez les plus timides à rompre avec les conventions qui les étouffent. Vous n'hésitez pas à valoriser ceux qui vous semblent en avoir besoin. Vous donnez l'exemple d'une plus grande liberté intellectuelle.

Vous cherchez à atteindre en permanence la perfection, quitte à vous épuiser, gagnés par un perfectionnisme parfois exaspérant. Vous avez ce don à percevoir plusieurs aspects d'une situation, à en comprendre les implications, les intrications, à synthétiser immédiatement les données du problème et à entrevoir très rapidement la meilleure solution. Vous avez cette clairvoyance de deviner les motivations personnelles de chacun, de comprendre ce qui sous-tend une conversation, une attitude, une atmosphère. L'autre se sent percé à jour. Ce qui peut engendrer méfiance et hostilité. Vous êtes considérés à tort comme irrespectueux parce que vous osez dire la vérité qui dérange dans un espace où la politesse exige qu'on se fonde dans un groupe, qu'on s'incline sans se rebeller, en silence. Sans écoute, vous vivez cette différence comme une aliénation, un handicap. Votre douleur s'échappera en transe. Vous en viendrez à éviter les réunions conflictuelles.

Vous êtes doués d'une intuition phénoménale, d'une extra-lucidité. Une sorte de certitude limpide sur l'avenir de la personne qui est en face de vous, résultant d'une analyse fulgurante et spontanée de multiples paramètres condensés en un éclair avec cette intense captation émotionnelle qui en cristallise le sens. Une déduction intuitive qui vous permet d'aider les autres à dénouer des situations qu'ils ne s'expliquent pas. Vous repérez bien vite les incongruités entre apparence et réalité, entre un discours de convenance et le sentiment profond qui l'anime, que vous exprimez par un besoin vital de vérité, de transparence et de cohérence. Vous avez une forte aversion pour l'hypocrisie et la dissimulation. Vous pouvez devenir dirigistes et imposer vos idées, votre perception des choses et votre méthode. Votre sensibilité à fleur de peau et votre empathie peuvent effrayer. Vous pouvez aussi exprimer votre joie avec bouillonnement. On vous traite d'hystériques. Tout percevoir, tout amplifier, tout capter jusqu'au moindre un détail, c'est envahissant et épuisant.

Faites attention, on peut se servir de toutes vos qualités à votre insu. On vous prend vos idées que vous ne savez pas protéger. Ensuite, vous aurez toutes les peines du monde à prouver qu'elles émanent de vous. On profite de votre HP pour extraire le nectar. Puis on vous jette illico presto comme un malpropre. Vous voyez alors le monde par un prisme de douleur.

Motifs de consultation

Vous vous décidez à consulter lorsque vous retrouvez une parcelle de raison, après avoir passé vos neurones à la centrifugeuse, pour arriver à vous poser une avalanche de questions : pourquoi-comment ?

- Pourquoi suis-je seul ?
- Pourquoi suis-je sans cesse critiqué ?
- Pourquoi suis-je triste en permanence ?
- Pourquoi ne me sens-je toujours coupable ?
- Pourquoi ne vois-je pas les choses, le monde comme les autres ?
- Pourquoi ai-je besoin de m'isoler ?
- Pourquoi ai-je tout le temps besoin de me justifier ?
- Comment être heureux dans le malheur ambiant ?

Si on ne vous dépiste pas HP, vous pouvez faire dix ans d'analyse pour rien et rester malheureux. Alors qu'un simple mot magique "HP" vous ouvre les volets, dénoue votre pelote et surtout vous offre ce joyau de vous adapter à votre intelligence toute folle, sans direction assistée. Bien sûr, certains parmi vous, non dépistés HP, vivez heureux sans histoire, et accomplissez vos rêves. Vous êtes rarissimes. Vous avez et êtes bien souvent baignés dans l'opulence intellectuelle.

Quand on vous annonce votre haut potentiel (HP)

Vous commencez à vous adapter à votre intelligence. Cela devient moins inaccessible, hermétique, impénétrable, énigmatique.

Premier temps, étonnement

« Surdoué ! Vous avez dit HP ! Vous parlez de mon voisin. Non moi ! Je ne serais donc pas fou ! Après tant d'années d'errance, de doute, de confusion, d'angoisse, de malentendus, quel bonheur de donner un nom à ma bizarrerie-folie. »

Non, vous n'êtes point folles ou fous. Vous disposez de ces cadeaux inestimables : curiosité insatiable, rythme mental en ébullition, imagination inépuisable, sens aigu du langage, esprit critique aiguisé, hypersensibilité, empathie hors du commun. Ce cadeau vous permet de réaliser monts et merveilles. Vous suscitez une constante jalousie. Vous montrez vos yoyos émotionnels.

Oser vous dire que vous êtes HP, c'est vous rendre votre liberté, vous ouvrir les portes de vous-même. Il n'y a pas de limite d'âge et le plus tôt est le mieux. Parfois, c'est tellement évident que les tests de QI ne me semblent pas nécessaires. Parfois, ils sont utiles pour vous donner l'estampille comme les étoiles au Gault et Millau, tellement vous ne le soupçonnez pas d'un iota !

Quand on vous fait cette annonce, vous la réfutez dans un premier temps. Vous pensez que cela se manifeste uniquement par une réussite exceptionnelle qui se traduit par une carrière scolaire universitaire professionnelle éblouissante, par un triomphe en maths, physique, par un poste à haute responsabilité dans une entreprise prestigieuse, par l'écriture d'un roman qui révolutionne les règles du genre.

Circonstances d'annonce

Un signe annonciateur à la première consultation. Une dame d'un certain âge encore très vive, au cours de la consultation, me fait comprendre qu'elle voulait qu'on s'adresse aux enfants comme à des adultes sur certains points, comme elle aurait voulu qu'on s'adresse à elle ! C'était un jour extraordinaire ! J'oriente ensuite la consultation vers ce thème HP. Je fais rapidement le diagnostic chez cette grand-mère qui a ensuite fait elle-même le diagnostic chez sa fille et ses petits-enfants. Un dépistage HP en cascade.

A la description du fonctionnement de votre enfant. Lorsque le psychologue restitue les résultats du bilan psychologique, c'est souvent très spectaculaire. Vous entendez parler de votre enfant et soudain vous vous sentez directement touchés, par ce que vous entendez. Votre portrait tout craché. Vous devenez pivoine. Un silence bourdonnant s'ensuit. Timidement, vous demandez si c'est héréditaire. Parfois, honteux d'avoir posé cette question, d'avoir osé croire que vous puissiez être aussi concernés. Vous êtes troublés pour deux raisons. D'abord, parce que vous ne vous y attendez pas et ensuite, parce que vous avez osé trente secondes y penser alors que vous êtes venus pour votre enfant. Votre attention a été détournée sur vous au lieu d'être à 200 % pour lui. Vous culpabilisez doublement. Le ou la psychologue vous confirme le HP de votre enfant. Vous repartez alors heureux d'avoir soupçonné le diagnostic pour lui et heureux aussi de l'effet miroir sur vous, que vous gardez bien sûr bien secret dans un premier temps. Tout un monde s'ouvre à vous, une sorte d'écho à votre petite voix intérieure qui vous le susurrait jusque-là. Enfin, vous entendez votre voix intérieure. Tout le monde devient aimable, beau à sa manière.

A la faveur d'une discussion concernant un autre enfant. Le miroir fonctionne bien. Vous avez entendu parler d'un enfant par ses parents et aussitôt vous ressentez une similitude troublante. Comment s'imaginer une chose pareille.

Suite à un congrès sur le sujet haut potentiel (voir www.congres-virtuels.com) ou la lecture de livres. Votre intérêt porté sur le HP est hautement évocateur, les prémices de vos soupçons. Un peu comme le craquèlement d'un œuf, juste avant l'éclosion d'un oisillon.

Le temps de digérer la nouvelle

Vous mettez ensuite des mois à envisager d'effectuer les tests. Vous n'allez pas jusqu'au bout, de peur d'un résultat négatif. Et si vous vous étiez pris la grosse tête tout à coup ! C'est bel et bien ce doute qui, à mon avis, prouve la réalité de votre HP. Paradoxalement, le HP doute de ses potentiels bien cachés. Il suffit d'un seul signe pour l'évoquer et le confirmer ensuite par un deuxième ou troisième pour porter le diagnostic, qui sera entériné par le fameux test de QI que vous finissez par passer.
Tout s'éclaire et vous redevenez inconsciemment plus sociable. Vous développez votre créativité dans tous les

domaines, personnels, familiaux, professionnels. Vous dévoilez votre capacité à mener plusieurs projets d'envergures à la fois, et acceptez plus facilement le qualificatif qui-touche-à-tout-ne-fait-rien-de-bien. Vous commencez à inventer votre vie. Vous volez à la hauteur de vos idées, si nébuleuses soient-elles. Vous découvrez votre liberté de dire quand vous vous ennuyez et d'y remédier, quitte à sortir d'une réunion sans intérêt. Vous êtes prêt à vivre une vie extraordinaire. Vous laissez tomber votre masque de cire. Vous avez envie d'une vie sociale, de nouer des amitiés et des relations nouvelles, vierges de tout *a priori*.

Effets possibles à distance de l'annonce

Après digestion de l'annonce HP, l'écheveau emmêlé d'incompréhension, de culpabilité depuis l'enfance se déroule avec une évidence déconcertante. Vous comprenez pourquoi vous avez vécu les délices et amertumes de vos potentiels épars. Potentiels ô combien haïs et piétinés. Tout à coup, vous découvrez que ce n'est pas une infirmité mais un atout. Votre vision du monde se transforme. Vous côtoierez cependant toujours des adultes qui vous jalouseront, qui vous mettront de gros bâtons dans les roues. Vous trouverez le contrepoison pour répondre à ce type de comportement d'opposition pour briller de tous feux. Vous vous réaliserez pleinement à votre juste valeur. Vous apprendrez à ne pas vous laisser gagner par vos séismes émotionnels.

Vous risquez d'être confrontés à un dilemme fatigant. Vous faire remarquer en exposant vos idées nouvelles mal reçues dans un premier temps ou vous taire pour éviter les querelles. Comme toute idée novatrice, les vôtres subiront le syndrome de l'innovation : adhésion-rejet-approbation. Dans un premier temps, tout le monde adhère à vos belles idées prometteuses avec enthousiasme. Dans un deuxième temps, parfois le lendemain même, tout le monde les rejette avec véhémence. Dans un troisième temps, la majorité les accepte avec joie. Ce temps d'acceptation peut prendre des années. Le temps de permettre aux autres de comprendre votre démarche avant-gardiste de trouver les solutions.
Je vous rappelle une notion fondamentale : les autres profitent de vos dons qu'ils ont bien repérés, souvent avant vous-même d'ailleurs. Ils vous envoient au front à leur place. Ils vous dérobent vos idées, vous écartent juste après, jusqu'à vous renier. Vous allez vite vous rendre compte que vous disposez du 21 d'atout et de l'as. Vous œuvrerez pour ne pas gaspiller vos forces et développerez un vaccin pour ménager les susceptibilités. Vous utiliserez un langage adapté compréhensible. Savoir que vous disposez de ce HP est fondamental pour vous accomplir et être plus combatif dans l'adversité en vivant moins de souffrance. Le niveau zéro souffrance est illusoire. Ne le briguez pas. Visez un seuil de souffrance abaissé.

Effet boostant

Au début, tout est beau. Vous avez des ambassadeurs dans l'invisible. Vous vociférez votre ivresse. Vous comprenez mieux votre passé. Vous mettez un nom sur vos difficultés relation-

nelles avec vos collègues, vos amis, vos conjoints. Vous abordez mieux vos déferlantes émotionnelles. Vous retrouvez une estime de vous-même et laissez tomber vos masques avec souvent l'aide d'un thérapeute. Vous sortez de votre morosité de vivre. Vous pouvez traverser des crises d'identité, un état dépressif, qui est le début de la résolution d'une crise existentielle pour ensuite trouver la joie qui refrappe à votre porte.
Vous allez à la rencontre d'homologues, authentiques doubles que vous pourrez alors reconnaître plus facilement. Vous dialoguez entre vous sans crainte d'être incompris.
Candides, faites attention à votre transparence, votre authenticité qui peuvent vous revenir comme un boomerang. Vous surfez entre des nuages blancs cotonneux et un ciel bleu limpide. Le soleil pénètre à flot dans votre salon et subitement des gerbes d'eau le noient.

Petit truc

Mettez votre naïveté en sourdine. Apprenez à vous protéger en mettant une distance physique et émotionnelle. Avec l'aide d'un thérapeute.

Déni-Repli

La négation de votre HP est une protection non sans risque qui peut vous conduire à passer à côté de votre vie ou de mener la vie d'un être virtuel construit en conformité avec le reflet

social. Vous vivotez sur une échelle de satisfaction entre le niveau -6 et niveau 0.
Certaines choses sont pénibles pour être appréhendées sur le coup. Vous vous couvrez avec votre casque austère. Ce n'est que plus tard dans la solitude, que pointe la compréhension, quand les cendres sont froides dans des conversations que vous avez pu entendre à la dérobée. Une douleur intérieure vous étreint de la tête aux pieds, pesant comme un menhir brûlant, un souvenir de guerre tapi au fond de vos entrailles. Vous êtes en proie à une de ces crises existentielles. Vos vêtements informes ne dissimulent en rien votre âme émaciée. Vous ôtez vos lunettes en opaline, et votre regard scrutateur démasque une nuée de détails, comme l'odeur des œillets de poètes montant du parterre sous votre fenêtre, qui vous immerge dans une autre douleur sourde qui s'infiltre entre vos omoplates, pour exploser comme une météorite dans votre crâne. Vous étouffez dans l'œuf l'annonce de votre HP car cela renvoie à une armée de questions que vous ne voulez pas vous poser. C'est un véritable capharnaüm dans votre tête : tiroirs de souvenirs ouverts, lampes d'espoir brisées, comme si quelqu'un s'était ingénié à dévaster votre intérieur par pur plaisir. Il y régnait un pseudo calme absolu avant l'annonce, comme ces longs silences après un enterrement.

Vous découvrez ensuite avec stupeur les signes annonciateurs qui auraient pu vous mettre la puce à l'oreille et éviter le drame de votre vie. Plutôt que d'affronter votre HP, vous préférez vous accommoder de votre quotidien et vos frustrations au lieu de vous engager dans un long périple d'introspection.

Vous vous interdisez toutes opportunités. Vous vous sclérosez sans parvenir à la pleine expression de votre HP. Vous continuez de vous asphyxier dans la routine. Vous préférez renoncer plutôt que d'entreprendre et vous lancer dans des projets auxquels vous rêvez depuis toujours, par peur de l'échec, surtout lorsqu'enfant vous avez été surinvestis. Vous avez recours à l'approbation que vous recherchez sans cesse. Vous vous inscrivez dans une spirale infernale qui vous maintient sous pression et vous interdit tout relâchement.

Colère

A un moment donné, vient la colère. Colère contre vos parents, contre la vie, contre tout le monde. Colère de ne pas avoir été compris, colère contre vous de ne pas avoir su vous comprendre vous-même et d'avoir pris des chemins dans lesquels vous vous êtes perdus. La colère peut devenir le moteur de votre pensée, nourrir votre volonté de prouver au monde qui vous êtes. Vous sortez de votre torpeur. Vous faites le deuil de votre vie antérieure et vous avalisez cette hypothèse pour enfin vivre à la vitesse de vos pensées. Alors la paix intérieure arrive. Vos rêves peuvent devenir réalité. Vous venez de découvrir une force inconnue qui hibernait en vous. Promettez-vous de découvrir toutes vos montagnes et d'ascensionner tous vos sommets. N'oubliez pas de raconter votre histoire pour que d'autres puissent également gravir leurs propres montagnes.

Culpabilité-Peur

Coupable de ne pas réussir. Peur d'être condamné à réussir maintenant. La réussite est au cœur de la société, la productivité, une pression constante auxquelles il est bien difficile d'échapper. Coupable d'avoir trop compris, d'anticiper. Cette culpabilité de savoir vous met très mal à l'aise et vous freine. Pourtant vous avez envie de progresser, d'accélérer. Vous devez en permanence justifier votre avance qui dérange. Faites attention aux inhibitions découlant d'une surtension. Autorisez-vous à n'être que vous-même. Réconciliez-vous avec vous-même, la vie, les autres. Cela peut se faire sans bouleversement de vie, mais c'est bien rare. Un réaménagement intérieur peut parfois entraîner quelques chaos. L'aide d'un thérapeute vous offre la possibilité de revisiter votre histoire à la lumière de ce nouvel éclairage. Un peu comme si vous retourniez dans un lieu qui vous avait plu quelques années plus tôt. Les mêmes images peuvent alors prendre une autre couleur à travers votre vision métamorphosée. Vous ne voyez plus les mêmes choses, ni de la même façon. Vous faire accompagner vous permet de retrouver une nouvelle image de vous. Cela va permettre de redessiner le contour de votre personnalité, vous aider à vous réorienter dans votre vie quotidienne, à répondre aux questions sur votre vie sur vos choix. Des chemins insoupçonnés apparaissent soudain. Et d'autres disparaissent ou s'estompent. Vous intégrez ce qui vous anime et pourquoi il se dégage une culpabilité embarrassante et étouffante. Dans cette perspective nouvelle, vous vous affirmez peu à peu en confirmant vos choix. Il n'est pas rare de rechoisir un mari ou une femme, de refaire une remise à niveau ou de changer de métier. Vous faire accompagner permet de changer le regard sur vous, ce qui changera inévitablement le regard des autres sur vous. Dès que vous commencez à vous voir différemment, les autres perçoivent immédiatement ce changement et réagissent aussitôt. Vous percevez autrement votre reflet dans le regard des autres et vous arrivez à vous ajuster à votre tour plus facilement. L'entourage intègre ces petites modifications et se comporte également autrement. Vous rencontrez d'autres adultes HP plus facilement.

Honte

La honte vous habite. Fruit d'une culpabilité qui s'alimente dans les non-dits, dans les fausses condescendances, dans les compassions feintes. Vous restez persuadés que vous avez déçu les autres, que vous n'avez pas su être à la hauteur. Soyez plus indulgents envers vous-mêmes.

Ennui

L'ennui, attention, attention ! Subitement vous décrochez, vous disjonctez pour éviter un risque d'incendie. Cette coupure de pensées, conséquence des moments d'ennuis explique les lacunes que vous traînez même à l'âge adulte. Luttez contre l'ennui. Vous êtes le seul maître à bord. Reconnaissez ce qui vous plaît ou vous déplaît. Identifiez ce que vous aimez et n'aimez pas. Cela vous permettra d'anticiper et d'éviter l'ennui que vous craignez plus que tout et que vous vivez très mal.

Masque de cire

Vous avez pris un masque de cire, une stratégie de défense, pour vous couper de ces puits émotionnels sans fond. Vous passez tout au filtre intellectuel. Une sorte de suicide émotionnel, très dangereux pour l'équilibre psychologique, et nocif pour la sensation de vivre ainsi que dans la relation aux autres. Votre masque peut prendre l'allure d'une personnalité désinfectée, froide, sans affect, une sensibilité étouffée. Il s'agit d'un interdit de ressentir, poussé à son paroxysme, mais vous restez rongés de l'intérieur par vos émotions cadenassées et développez des maladies somatiques plus facilement. Essayez de ressentir avec votre tête et non seulement avec votre cœur. Laissez tomber le masque. Abandonnez votre quête acharnée pour expliquer tout. Lâchez prise !

Petit truc

Le repli avec le silence, arme redoutable, évite de se mettre en colère, de dire des choses qui dépassent notre pensée et de prendre de mauvaises décisions que l'on regrette ensuite pendant des jours, des mois, des années. Il permet de trouver la distance exacte pour se protéger, sans s'interdire de vivre ses émotions, tout en évitant le retour de bâton de ses yoyos émotionnels.

Est-ce vraiment important de dépister votre HP ? Oui c'est essentiel. Essentiel de prendre conscience de ce que vous êtes, un accord avec vous. Etre HP est une immense force, une richesse innée seulement si vous en connaissez les différentes facettes avec ses pièges. Vous pouvez être un adulte HP épanoui si vous prenez possession de vous-même en abandonnant toutes vos peurs, votre culpabilité.

Relations parents HP et enfants HP

Vous, mère HP de fille HP. Dans la vie quotidienne, vous avez souvent une complicité hors norme bien jalousée par d'autres mères. Dans les périodes de tempête, vous avez la même hypersensibilité avec un lien affectif qui décuple les orages. Ne soyez donc pas étonnées que votre fille vous blesse plus que vous ne l'avez prévu pour une broutille. Mesurez cette dimension lors de vos yoyos émotionnels, avant d'actionner votre langue de vipère. C'est ce que j'appelle l'effet miroir.

Vous, mère HP d'un garçon HP. Il n'est pas rare que vous viviez dans l'affrontement, la dissonance perpétuelle. Vous avez tous deux une hypersensibilité différente que chacun exprime à sa démesure. Les éclats de voix et de verre fusent.

Vous, père HP de fille HP. Vous êtes souvent démunis face à ses exigences de fille. Faites un effort de communication et n'oubliez pas qu'en tant que père, c'est à vous de faire le premier pas après un différend. Votre fille attend que vous le fassiez sans qu'elle ne soit obligée de le dire.

Vous, père HP d'un garçon HP. Vous avez trouvé votre double, quel bonheur. Il vous comprend sans que vous ayez à vous justifier. Attention, n'en abusez pas. Ne lui demandez pas plus qu'il est en mesure de faire à son âge même si bien sûr, il sait le faire. Respectez son temps d'insouciance, son besoin d'enfance. Restez cadrant lorsqu'il sort des limites malgré votre propension à en sortir.

Résumé adulte HP

Comment être heureux dans ce monde ? Vous continuez à croire comme un enfant, au merveilleux et au magique, ce qui vous rend prêt à tout croire et vous vous retrouvez très vite submergés par ce que cela entraîne. Désillusions quand vous vous rendez compte de votre croyance erronée. Cependant vous restez enthousiastes, encore prêts à croire à l'incroyable. Pour vous, la vie sans risque est fade.

Vous appartenez à trois catégories selon les circonstances de votre vie. Vous acceptez le cadre. Vous vous confrontez au cadre. Vous évoluez sans cadre. Dans tous les cas, acceptez vos paradigmes. Réappropriez-vous vos valeurs pour devenir votre propre guide, pour illuminer vos chemins de votre propre vie. Laissez le vent ôter la poussière collée à vos yeux et gonfler votre cœur.

Philosophie-Poésie

Embarquement immédiat. Attachez vos ceintures. Votre destination, le pays de la Réalisation de Soi. Vous survolerez Spiritualité au milieu d'une mer étincelante. Vous sortirez votre comique qui allège un peu l'ennui à force de contempler le ciel bleu parfait. Vous ferez escale sur l'île de la Joie de Vivre. Vous pouvez y faire des emplettes pour rapporter des figurines de sourire, des perles de plaisir. Lors de turbulences, des masques à humour seront immédiatement mis à votre disposition et des gilets de volupté vous seront distribués pour faire face aux chutes de température. Je vous souhaite un agréable voyage vers l'île des Ombres, en notre compagnie dans un esprit chaleureux, propice à l'harmonie, le ciment du bonheur.

Tu cherches semence
Dans l'ombre tu avances
Au cœur de l'adolescence !

Tu trouves énergie
Dans la pénombre.
Tu découvres la vie,
Les ailes de ton ombre !

Test de QI (quotient intellectuel)

En 2017, le test de QI reste le cachet qui fait foi du HP, appelé aussi surdouance. Les tests actuellement utilisés ne testent pas toutes les formes d'intelligences. Il n'y a pas qu'une seule intelligence. Heureusement !

Différentes formes d'intelligences

Intelligence mathématique/logique, celle qui permet de raisonner, de tenir un raisonnement logique, valorisée dans les sociétés industrielles productivistes. Intelligence corporelle/kinesthésique, celle de tous les sportifs et de ceux qui sont habiles de leurs mains, des artisans aux chirurgiens. Intelligence verbale/linguistique, celle des écrivains, orateurs, hommes politiques. Intelligence visuelle/spatiale, celle des architectes, metteurs en scène, artistes, peintres, sculpteurs.

Intelligence musicale/rythmique, celle des musiciens et techniciens du son. Intelligence du naturaliste, capacité à reconnaître, à classer, celle de tous ceux qui s'intéressent au fonctionnement de la nature, biologiste, astronome, botaniste. Intelligence interpersonnelle, capacité à entrer en relation, celle des diplomates médiateurs. Intelligence intra personnelle, capacité à avoir une bonne connaissance de soi-même, celle des philosophes, des sages. Intelligence existentielle (nouvellement décrite par Gardner), capacité à se poser des questions sur le sens de la vie. A chacun la sienne, bien évidemment.

Que sont les tests de QI ?

Historique

Les tests en vigueur ont une approche plus quantitative que qualitative. Fort dommage. La façon dont s'exprime l'intelligence d'une personne est le résultat d'une interaction entre des capacités intellectuelles (cognitives) et émotionnelles. En ce qui concerne les personnes HP, le contexte de vie est fondamental : antécédents familiaux, environnement familial, scolaire, professionnel, accidents de la vie. On ne peut faire sans leur hypersensibilité. C'est pourquoi, je trouve un peu réducteur d'associer un nombre résultant de tests axés sur une forme d'intelligence cognitive, à une personne. Raison pour laquelle je ne m'étendrai pas sur la question et vous suggère si vous voulez plus d'information de lire *Trop intelligent pour être heureux* de Jeanne Siaud-Facchin.

Initialement, ces tests ont été conçus par Alfred Binet pour dépister les enfants ayant des difficultés afin de mieux les soutenir dans les acquisitions scolaires. Il ne prend pas en compte la psychologie ni son rapport au monde, n'évalue pas vos capacités de clairvoyance, prémonition, télépathie, l'hyper perception de vos cinq sens qui, du reste, contribue à baisser la concentration durant les tests, dérangés par une mouche qui vole, une lumière vive, une odeur nauséabonde, non notifiée dans les résultats et rapport. Il reste cependant le test de référence qui valide, l'estampille de votre personnalité.

Résultats

Ces tests de QI ont été établis à partir d'un échantillon d'enfants du même âge qui répondent aux mêmes questions et résolvent le même type de problème. Ce mode de calcul, on le voit, est déjà réducteur. Car il s'agit d'un type de questions données orientées vers les apprentissages scolaires. Il y a tout une gamme non explorée et pourtant d'une grande importance, comme le domaine artistique ou le mode de fonctionnement à proprement parler. Trois nombres sont importants dans le bilan de ces tests psychométriques. Un nombre de QI verbal ; un nombre de QI performance et un troisième nombre qui est la résultante des deux premiers. C'est ce dernier qu'on appelle le QI.

Le QI est étalonné de sorte que la moyenne se situe à 100. La répartition de la population s'étend sur une courbe en cloche, courbe de Gauss. La déficience et le HP se situent aux extrémités, ce qui explique qu'ils se sentent si seuls. C'est à partir du quotient intellectuel supérieur ou égal à 130 qu'une personne est étiquetée HP. Ce chiffre correspond à une différence de deux écarts types par rapport à la moyenne. Il ne tient pas compte du milieu dans lequel l'individu évolue ou a évolué ni de la situation dans laquelle il se trouve au moment de l'évaluation. La qualité du lien entre la personne et le professionnel est fondamentale. Souvent, les personnes sont en situation de mal-être au moment du passage de ces tests. De légèrement déprimé à dépressif, une vaste gamme qui peut faire varier la crédibilité des réponses aux tests. Créer un climat propice est primordial car la réalité des résultats dépend beaucoup de l'esprit et de l'état émotionnel dans lequel vous êtes lorsque vous passez les tests. Vous n'avez pas envie de passer les tests. Vous avez peur d'échouer. Très stressés, vous perdez vos moyens. Vous pouvez avoir en plus un handicap en dys pas toujours pris en charge : disgrâce physique, dyslexie qui vous gêne dans la compréhension des consignes ou dans leur exécution. A l'extrême, vous poussez le paradoxe jusqu'à faire en sorte d'échouer pour des raisons de tranquillité, d'opposition ou vous avez une angoisse qui vous inhibe. Vous rendez copie blanche. Vous êtes fébriles et bien malades sous antipyrétique ce jour-là. On vient de vous annoncer une catastrophe et vous ne voulez pas annuler car les délais d'attente sont si longs. Vous êtes gagnés par la honte de cette mauvaise nouvelle et vous vous taisez. Vous pouvez passer aussi ces tests en désespoir de cause pour trouver un remède à vos blessures, et pas du tout pour affirmer que vous êtes HP, vous qui vous sentez tellement nuls avec vos souvenirs cauchemardesques scolaires. Tenir compte de l'humeur du moment est essentiel.

Le contraire rend les résultats des tests invalides. C'est tellement facile de rater ces tests, une poussière et hop, échec et mat ! Alors que réussir est l'apanage du HP et non le fruit du hasard.

Vous appartenez à toutes les classes sociales. S'il semble que vous soyez plus présents dans les milieux favorisés, c'est que vous avez plus de chances d'être diagnostiqués. Le milieu social est important à prendre en considération car la stimulation intellectuelle favorise l'expression du HP.
Pour moi, un résultat à 125 chez un enfant ou adolescent ou jeune adulte issu d'un milieu défavorisé est équivalent à 130 chez un enfant élevé dans un contexte familial plus favorable. C'est une notion qui n'est pas prise en compte par tout le monde, à mon grand regret.

Différence entre adultes et enfants

Les adultes n'ont pas besoin de produire leur signature de QI comme pour obtenir un saut de classe, pour entrer dans une boîte... seuls le contact et l'efficience font foi. Autant le QI chez l'enfant reste encore fondamental (non indispensable) pour l'obtention d'un saut de classe, autant chez l'adulte il n'est pas obligatoire. L'importance est de dépister le mode de fonctionnement et le portrait du HP. Il n'est pas obligé de montrer ses résultats à son employeur qui découvrira de lui-même son efficience. C'est pour cela qu'il faut faire le diagnostic sur un ensemble d'arguments.

Portrait de l'adulte à haut potentiel

Le tableau tient compte du HP dans le domaine cognitif, émotionnel, relationnel et créateur.

Le portrait-robot

Intelligence cognitive : capacité exceptionnelle à raisonner, esprit de synthèse et compréhension ultra rapide, curiosité et soif d'apprendre insatiable, capacité à travailler sur plusieurs pistes à la fois, tendance à l'autodidactisme, large vocabulaire, attirance pour la complexité, excellente mémoire, élaboration de pensées abstraites.

Intelligence émotionnelle : hypersensibilité, sensibilité extrême aux changements subtils d'atmosphère, sentiments passionnés, sens aigu de l'observation, de l'humour parfois caustique, capacité à envisager un problème sous différents angles, à s'émerveiller, ouverture aux expériences nouvelles.

Intelligence relationnelle : tendance marquée à contester l'autorité, au non-conformisme, très grande aptitude à la compassion et à l'empathie, sentiment d'un décalage permanent avec les autres. Tendance à l'isolement.

Intelligence créative : très grande prédisposition à l'invention, aux idées nouvelles, à la connexion entre idées opposées ou indépendantes, grande originalité dans la création, imagination vivace bouillonnante dans tous les domaines d'activités.

Issue de ces quatre intelligences, je rajouterai **l'intelligence existentielle** ou qualités morales qui ne sont pas sans conséquence dans votre vie quotidienne : tendance au perfectionnisme à outrance, préoccupation par la recherche de vérité, la découverte d'un sens à la vie. Tendance à être visionnaire, à vous sentir investi d'une mission à accomplir. Vous ne souffrez pas l'injustice, avez un sens pointu de l'intégrité et de l'honnêteté. Vous pouvez travailler jusqu'à épuisement. Vous avez besoin de contemplation et de solitude.

Il est important qu'une personne qui se lance dans la découverte de son haut potentiel soit accompagnée dans cette épreuve.

Motivation démotivation

La motivation est un processus qui va permettre à une personne de s'engager dans une expérience. Vous, à la pensée sans repos, êtes en permanence sous le contrôle de vos motivations et démotivations dans votre vie quotidienne. Avant d'agir, vous vous posez des milliers de questions avant de réaliser ou pas une tâche si futile soit-elle. Et vous vous posez d'autant plus de questions que cette tâche est justement futile. Parler de vos aspirations ou freins permet de mieux répondre à vos besoins.

« La première idée qui me vient, c'est l'esprit de compétition ! »

Etude personnelle

Mon étude a été menée auprès de 40 adultes HP. J'ai posé les questions suivantes : quels sont vos facteurs de démotivation, vos facteurs de motivation ?

Déjà, face à cette question, j'ai rencontré deux attitudes. Une moitié a compris tout de suite l'intitulé et a immédiatement répondu de façon claire et synthétique. Une autre moitié a mis plus de temps pour répondre et m'a demandé plus d'explications. Certains ont justifié leurs réponses, ou ont douté de leur réponse en ayant peur d'avoir fait du hors sujet.

> *« Voici mon travail. Dis-moi si je réponds bien par rapport à mon statut de précoce. C'est caractéristique du surdoué de ne pas toujours bien comprendre un énoncé non ? » Sophie*

Cette moitié s'est comparée à un exercice scolaire, le revivant dans le stress. Leurs réponses étaient dissimulées dans un texte. C'est moi qui suis allée à la pêche aux réponses. Le côté positif de cela est qu'il s'est dégagé une autre catégorie de répliques. J'ai regroupé les réponses par thématiques.

Résultats

Facteurs de motivation enfant

Un adulte HP a d'abord été un enfant HP.

- Quand on m'encourage ou me félicite (2)
- Quand je réussis une chose (2)

« Enfant, c'est l'envie de plaire aux autres qui me motivait, être populaire dans ma classe était important. J'ai parfois eu le rôle de chef de bande. Les copains prenaient plus de place que les études. »

- L'injustice me pousse à agir

« J'ai pas supporté qu'un garçon agresse ma copine. Je l'ai cogné à la figure, même s'il était plus fort que moi. » Pascale

Facteurs de motivation à l'âge adulte (nombre de réponses)

- L'innovation, l'originalité. Ne pas faire comme tout le monde (24)
- La créativité (8)
- La récompense à la clé (15)
- La passion (18)
- Le pouvoir (3)
- Les félicitations, encouragements, attentions chaleureuses (21)
- La reconnaissance (10)
- Le challenge. Dépasser ses limites (18)
- L'envie de changer, sentiment de liberté
- Trouver une solution pour gagner du temps (10)
- Un rendez-vous amoureux, un état amoureux (18)
- Aider les gens (26)
- Faire plaisir (23)
- Jouer au psy (8)
- Etre sous pression (21)
- La concrétisation de projet (18)
- Le caractère droit, honnête de l'évènement ou de la personne concernée (3)
- La multitude de tâches à réaliser (26)
- La difficulté de la chose à réaliser (21)
- Donner un sens (26)
- La beauté (5)
- Apprendre (10)
- Les enfants (5)

« C'est marrant, tous les ans je note ce que je voudrais faire de mon année sur un carnet ou un bout de papier, le fait de "voir de belles choses" revient depuis assez longtemps, même si c'est une phrase qui peut sembler un peu vague et peut regrouper énormément de choses : un film, une œuvre d'art, des enfants qui jouent, un sourire, de la musique... c'est ça qui est intéressant, ce n'est pas limité ! Je peux être bouleversée par un ciel plein d'étoiles par exemple, même si les autres paraissent moins réceptifs. » Marion

« Un jour, j'ai fait 12h d'avion pour passer une nuit avec Elle. » Eric

Facteurs de démotivation enfant

- Quand je m'ennuie (2)
- Quand un prof ou quelqu'un d'autre m'engueule sans raison (1)
- Quand il pleut (2)

Facteurs de démotivation à l'âge adulte

Dans la vie quotidienne, vous êtes en balance constante entre vos facteurs de motivation et vos facteurs de démotivation. La résultante fait que tantôt on a le vent en poupe, tantôt on est dans l'œil du cyclone. Les facteurs de démotivation sont importants à prendre en considération. Ils prennent source dans votre activité professionnelle, dans votre vie personnelle et interagissent sur l'une et l'autre. Lorsque la démotivation prime, il est important de la repérer pour comprendre, trouver une solution adaptée de « contre démotivation » et d'éviter ainsi le burn-out. D'où l'intérêt de bien communiquer. Lorsque la communication est difficile, une psychothérapie est parfois nécessaire.

> *« Ce qui me démotive particulièrement, c'est le manque de sens, le conformisme et la répétition. Faire la même chose que tout le monde, me fondre dans la masse, ne pas être curieux, faire les choses répétitivement sont des attitudes déprimantes. Faire du sport, se faire à manger tous les jours est fastidieux. C'est une question difficile car, par défaut, je suis en mode démotivé et toute ma recherche consiste à trouver quelque chose d'excitant. Ce qui est juste supportable devient rapidement insupportable. »*
> *Pierre*

Lors de l'analyse des réponses, pour beaucoup, certains facteurs de démotivation pouvant paraître à première vue anodins, entraînent des blocages de plusieurs minutes à plusieurs jours, voire même des dépressions. J'ai rajouté donc deux rubriques : blocages et dépression.
Voici tout d'abord un éventail de facteurs de démotivation :

- L'inertie (17)
- La simplicité (10)
- La perte de temps (24)
- L'irrespect, l'autorité subie (17)
- Le manque de clairvoyance de ses congénères (15)
- La médiocrité intellectuelle (30)
- Ne pas être compris ou écouté (30)
- Les tâches répétitives, la routine (32)
- Le manques de sens (34)
- L'absence de projet, l'ennui (30)
- Le mauvais management (25)

- L'injustice (12)
- La laideur, la vulgarité (11)
- Le manque de reconnaissance (23)
- Les saisons d'hiver et les mois de novembre et décembre, période où les jours raccourcissent (5).
- La maladie personnelle, souffrance, douleur (18)
- La maladie d'un proche (21)
- La méchanceté (8)
- Le temps pluvieux (2)

Blocages

Certains facteurs de démotivation, comme un détail négatif dans une situation propre à chacun, peuvent faire monter une vague émotionnelle fort négative, ce que j'appelle la dyslexie émotionnelle (voir mon interview dans *www.congres-virtuels.com* ou *www.valeriefoussier.com*) ou distorsion émotionnelle.

> *« Un matin, je reçois une mise en page d'un texte envoyé qui me déplaît fortement. Je suis profondément triste et incapable de travailler pendant quelques heures sans pouvoir me ressaisir et sans pouvoir m'ôter de la tête que ça pourrait être mieux. Je prépare souvent une réponse acerbe disproportionnée et reçois en retour le feedback très négatif du receveur, ce qui entretient ces oscillations émotionnelles. J'arrive à réduire le temps d'indisponibilité mais pas à le supprimer. Je vis avec. » Vanessa*

> *« Lorsque ce tsusami me submerge, je me sens fragile et désemparée. » Justine*

Ces blocages aux conséquences douloureuses peuvent être à la base d'une réjouissance ultérieure, le rebondissement dans l'adversité.

« A 6 h du matin, le deuxième jour de ma première partie de concours, j'ai été réveillée par la police. Elle annonçait à ma mère divorcée que mon père était au poste de police pour une grosse bêtise et qu'il voulait me voir. Malgré l'opposition de ma mère, les policiers ont tenu à me parler pour m'expliquer. J'ai refusé de les accompagner. Ils ont compris. Cet incident m'a bouleversée et j'ai rendu une copie blanche pour mon épreuve de physique, matière favorite. La sanction a été sévère : mon nom est apparu avant dernier de la liste. Mon orgueil a été touché de plein fouet, au point d'en faire un malaise vagal pour changer les couleurs du temps. Ma mère a essayé de me réconforter en me disant : ce n'est pas grave tu l'auras l'année prochaine. Puis j'ai puisé dans mes ressources et un défi m'est apparu comme un sauvetage en mer : non je ne redoublerai pas. Je me suis mise à travailler comme une forcenée, avec une idée fixe : non je ne redoublerai pas. J'ai réussi. La joie d'être admise a été aussi décuplée et personne en dehors de moi n'a compris ma remontée. A cette époque, je ne savais pas que je disposais de ce HP, seule ma voix intérieure me l'avait susurré. » Virginie

Dépression

Vous pouvez sombrer à la suite d'un très gros stress ou de harcèlement chronique, d'une maladie d'un proche dans la dépression. Il vous arrive de souffrir autant voire plus que la personne malade que vous chérissez, car vous êtes impuissant face à la situation. Votre volonté de tout maîtriser est malmenée. La nuit tombe et d'autres nuits saccadées se succèdent. Vous ne savez plus dans quelle direction le soleil se lève. Vos joies et plaisirs habituels ne vous procurent plus rien. Lorsque vous vous égarez dans ces bois, cela peut prendre du temps pour que vous compreniez que vous vous êtes perdus. Quelques signes annonciateurs qui devraient vous inciter à consulter un spécialiste :

- Fatigue
- Nervosité, irritabilité
- Perte de confiance en soi
- Perte d'appétit
- Perte du goût quotidien
- Enfermement, isolement donc envie de ne rien faire, de ne voir personne
- Etat de stress
- Troubles de la mémoire
- Troubles du comportement

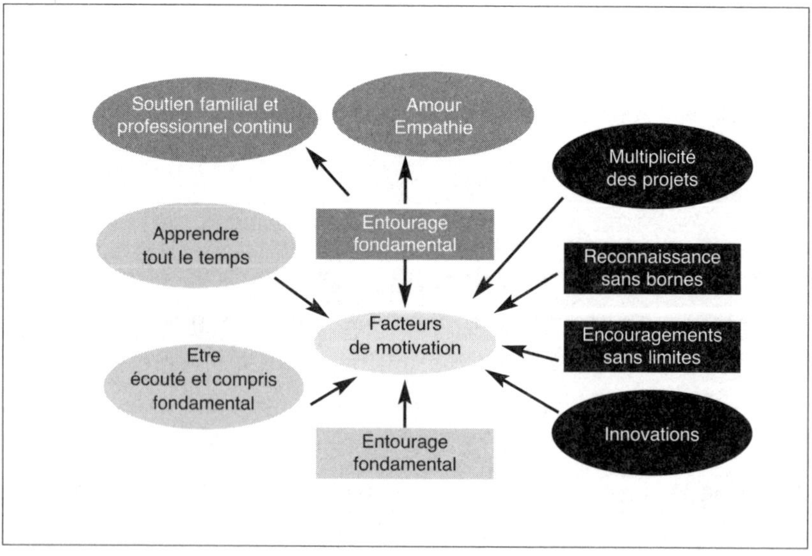

Désir de changement

La motivation, ce concept crucial, repose sur le désir de changement, l'idée de besoin en tant que nécessité vitale de changer les nuances du monde. Que cette eau bleu sombre entre deux rochers bruns devienne ocre jaune.

Petit pas à petit pas, le désir de changer s'engrange en trouvant un bénéfice à changer. Les besoins fondamentaux influent également sur ce désir. Abraham Maslow hiérarchise les besoins fondamentaux sous forme de pyramide en 5 catégories à la base : besoins physiologiques suivis de besoins de sécurité, besoins sociaux et besoins de réalisation de soi. Tous ces besoins interagissent. Lorsque l'un d'entre eux n'est pas satisfait, vous ne pouvez atteindre le sommet, la réalisation de soi. Une frustration empêche le processus de motivation. Votre envie de calmer l'océan qui gronde pour gravir une marche vers le bonheur va être d'autant plus grande qu'elle évolue dans un bon environnement, un bon climat de confiance. Ce bon milieu nous pousse à acquérir des connaissances nouvelles et à accepter les changements. Tout se joue dans une résonance entre les besoins, les aspirations, les attentes, les peurs. A chacun de trouver sa martingale gagnante, celle qui permettra de vous accomplir et de toucher au bonheur, ces pépites d'or tant convoitées.

Qu'importe le chemin pourvu qu'on ait l'espoir. Qu'importe le flacon pourvu qu'on ait le but. Le chemin de l'espoir, le flacon du but mène au bonheur. Dès l'instant où vous vous mettez à le chercher, ce bonheur est déjà à votre porte.

Adapter votre communication pour motiver les autres

Vous êtes très souvent surpris de la différence de motivation entre vous HP et les autres. Soit parce qu'ils n'adhèrent pas à vos idées, ce qui vous est parfaitement intolérable. Soit parce qu'ils mettent un temps infini à vous suivre, un temps si long que vous êtes déjà sur autre chose, ce qui irrite au plus haut point votre entourage.

Pour mieux faire passer ce que vous voulez dire, il convient d'adapter votre discours à la personnalité de celui ou celle que vous avez en face de vous. Les individus avec lesquels vous travaillez ont des personnalités, des logiques de fonctionnement, des perceptions différentes de la vôtre. On ne voit pas le monde tel qu'il est mais tel qu'on est. Il existe des filtres socioculturels et individuels qui viennent influencer la perception du réel.

Vous allez très vite saisir, quand vous aurez fait connaissance avec vous-même, que vous êtes en permanence en situation d'adaptation face aux autres, à un point tel que vous ne vous en rendez plus compte. Vous faites vos étapes intermédiaires inconsciemment à vitesse V tout comme lorsque vous résolvez un problème mathématique, empruntant d'autres circuits non classiques tant décriés. Cependant, cela vous coûte une énergie notable et vous vous démasquerez à la faveur d'une période de fatigue où vous ne vous adapterez plus et là vous laisserez ainsi émerger vos volcans émotionnels qui surprendront vos interlocuteurs totalement dépassés par cette situation. D'où ce fameux décalage.

Petit truc

Faites des formations sur la communication. Apprivoisez vos volcans émotionnels.

La motivation est ce mélange explosif de beauté, d'esprit et de sympathie.

Se découvrir par le MBTI

A partir de ses observations, du fonctionnement bipolaire de l'homme, Jung a mis en lumière l'existence de différents types de structures mentales. Elles ont été reprises par Myers et Briggs-Myers, mère et fille et appelées Indicateurs Typologiques de Myers-Briggs (MBTI).

Le principe de l'approche typologique est basé sur l'utilisation chez un individu de préférences spontanées concernant quatre dimensions fondamentales dictant son comportement. La combinaison de ces préférences conduit à des familles de caractères, ou types psychologiques. Cette démarche a le mérite de ne pas juger, de décrire en finesse le fonctionnement de la personnalité, de fournir un langage et une grille de lecture pour aborder souvent des données insaisissables. Elle permet de comprendre les différences d'une personne à l'autre.

Les 16 types de personnalité

Ces 16 types servent de point de repère pour trouver quelques grands axes communs dans le maquis de la différence.
La typologie est construite autour de quatre dimensions. Chacune de ces dimensions est définie par deux pôles opposés. Toute personne a une préférence innée pour l'un ou l'autre de ces pôles, même si elle peut utiliser les deux tendances selon les situations. Tout comme vous utilisez plutôt la main droite, la main gauche ou les deux, selon les circonstances. Votre constitution personnelle, votre éducation vous amène à privilégier les unes aux dépens des autres.

Les quatre dimensions

Attitude :	Extraversion (E) / Introversion (I)
Manière privilégiée pour recueillir l'information :	
	Sensation (S) / Intuition (N)
Traitement privilégié pour la prise de décision :	
	Pensée (T) / Sentiment (S)
Mode d'action :	Jugement (J) / Perception (P)

L'attitude désigne la dimension qui donne l'orientation soit vers le monde extérieur, extraversion, soit vers le monde intérieur, introversion.
L'extraversion est l'orientation du sujet vers le dehors, vers le monde des personnes, des évènements, des choses. Celui qui

fonctionne en mode extraverti communique son énergie et enthousiasme. Il puise aussi son énergie auprès des autres. Il tend à agir d'abord et à réfléchir ensuite. Il pense à haute voix. Il a besoin de parler pour former sa pensée. Son discours changeant ne craint pas les contradictions.
L'introversion est l'orientation du sujet vers le dedans, vers le monde des pensées, des états intérieurs, des sentiments. Celui qui fonctionne en mode introverti garde son énergie et enthousiasme à l'intérieur. Il a besoin qu'on le tire de sa réserve. Il se ressource à travers le silence, en lui-même. Il réfléchit longtemps avant de passer à l'action. Il ne parle qu'après mûre délibération avec lui-même. Il n'exprime que ce qui lui paraît ferme et définitif à en oublier de dire. Il croit avoir dit les choses.

Vous sentez bien que lorsqu'une personne à tendance introvertie et une personne à tendance extravertie conversent ensemble, il peut naître quelques incompréhensions. Celui qui a la préférence extravertie « E » répondra immédiatement à la question posée, tandis que celui qui a la préférence introvertie « I » prendra le temps de la réflexion. Le « E » est considéré par le « I » comme un coupeur de parole et moulin à paroles irréfléchi. Le « I » est jugé par le « E » comme un sourd-muet, qui croit avoir dit les choses qu'il a secrètement gardées en lui, source de sérieux conflits.

Pour vous aider à prendre conscience de votre attitude, répondez à la question. « Qu'est-ce que vous vous dites lorsque le téléphone sonne. » Chic, qui m'appelle ? Vous êtes plutôt extraverti. Zut, qui me dérange ? vous êtes plutôt introverti. Vous aimez faire la fête et avoir beaucoup de personnes autour de vous, vous êtes plutôt extraverti. Vous préférez rester seul pendant votre temps libre, vous êtes plutôt introverti.

Après un développement personnel, extravertis, vous pouvez aimer vous recueillir dans la solitude et introvertis, vous pouvez vous ressourcer auprès de pairs. Cependant votre tendance restera.

Petit truc

Vous qui êtes « E », essayez de retarder de quelques secondes l'expression de votre pensée et attendez que le « I » démarre sa phrase sans l'interrompre.

Vous qui êtes « I », demandez un délai de réflexion montrant que vous avez bien entendu la question et que vous allez répondre. Acceptez que le « E » pense tout haut ce que vous vous dites tout bas.

Le recueil de l'information a comme pôle la Sensation (S) et l'Intuition (N). Ce qui vous intéresse, vous, ce sont les faits précis mesurables, vérifiables. Vous suivez une progression pas à pas dans les exposés et l'ordre du jour dans une réunion.
Avec le mode intuition, « N », vous avez plutôt une vision globale obtenue par un processus inconscient. Vous aimez ce

qui émerge. Ce qui vous intéresse, ce sont les possibilités, les potentialités. Les détails vous ennuient. Ce qui vous importe c'est l'originalité, la nouveauté. Cela s'applique aussi bien au mode introverti qu'au mode extraverti. Le mode sensoriel extraverti captera d'abord les informations relatives à son environnement, alors que le mode sensoriel introverti sera plus sensible aux signaux envoyés par son propre corps. Le mode intuitif extraverti aura des flashes concernant les personnes avec qui il est en relation, alors que le mode introverti intuitif saisira un nouveau concept.

La prise de décision se fait sur le mode Pensée (T) ou Sentiment (F). De type Pensée, « T », vous prenez une décision en fonction de ce qui vous paraît logique, objectif. Vous essayez de distinguer le vrai du faux. Vous présentez d'abord les buts et les objectifs. Vous préférez la brièveté et la concision. Vous prenez généralement une attitude détachée, en observateur impartial qui pèse le pour et le contre. Vous voyez d'abord les défauts avant de prononcer des louanges. Vous pouvez prendre en compte les sentiments des autres si ce facteur entre dans votre analyse.

De type sentiment, « F », vous prenez votre décision en fonction de vos valeurs personnelles, subjectives. Vous vous évertuez à distinguer le bien du mal. Ce qui diffère le « T » du « F », c'est la manière d'arriver à la conclusion. Vous êtes « F », vous vous impliquez dans la situation, vous cherchez le contact avec les gens. Vous ressentez les conséquences de votre décision sur les acteurs concernés. Vous vibrez aux sentiments des autres comme s'ils étaient les vôtres ; c'est l'empathie. Vous félicitez avant de voir les imperfections. Vous pouvez utiliser les deux préférences selon la situation. Au travail, vous pouvez décider avec votre tête en mode Pensée et dans votre contexte de vie familiale plutôt avec votre cœur, en mode Sentiment.

Les modes de communication de ces deux types sont complètement différents. La personne de type T préfère les relations impersonnelles et objectives de groupe tandis que la personne de type F préfère les relations personnelles, empreintes d'intimité et d'émotion. La position distanciée du type T permet d'atteindre son objectif de justice et clarté. L'implication du type F le rend apte à faire régner l'harmonie.

Petit truc

Pour les F, lorsque vous vous adressez à un T, soyez factuels même dans l'émotion. Pour les T, lorsque vous vous adressez à un F, mettez de la chaleur humaine dans les faits. Surtout ne dites pas, je suis factuel, cela envenime immédiatement la conversation.

La 4e dimension indique la manière dont vous vous situez et organisez votre style de vie. Elle se caractérise par ces 2 pôles : Perception ou Jugement.

De type jugement, « J », vous exercez une grande maîtrise sur votre mode de vie. Vous aimez les emplois du temps précis et serrés. Vous n'aimez pas les surprises. Vous avez un mode d'existence organisé et aimez planifier vos activités. Vous aimez l'ordre, le classement, le rangement. Votre bureau est toujours bien rangé. Il vous faut du temps pour organiser vos vacances ou vos projets.

De type perception, « P », vous avez une attitude réactive, disponible aux opportunités de la vie. Vous adorez les surprises et les changements de dernière minute. Vous pouvez partir en voyage au pied levé. Vous aimez le choc des idées, le jaillissement. Vous n'aimez pas jeter. Les dossiers s'empilent sur votre bureau en désordre. Cependant, vous vous y retrouvez très bien avec un certain ordre dans votre tête. Vous êtes capables de ressortir un dossier demandé au milieu d'une pile.

Les différents types de personnalité sont regroupés en classes*

Vous appartenez en général à un type qui correspond à ce que vous avez tendance à faire, à vos préférences. Chaque portrait admet ses atouts et ses faiblesses et ses chemins de développement.

---

*Pour plus d'information : Marie-Pier Levesque, consultante accréditée MBTI (site www.mplevesque.com). Lire le livre de Pierre Cauvin et Geneviève Cailloux, *Les types de personnalité*.

	Type ST	Type SF	Type NF	Type NT
Type I	ISTJ	ISFJ	INFJ	INTJ
Type I	ISTP	ISFP	INFP	INTP
Type E	ESTP	ESFP	ENFP	ENTP
Type E	ESTJ	ESFJ	ENFJ	ENTJ

I : Introversion E : Extraversion S : Sensation N : Intuition T : Pensée F : Sentiment J : Jugement P : Perception

1. Type ISTJ, gardiens de l'ordre

Vous êtes observateurs, attentifs, calmes, méthodiques, organisés avec le sens des responsabilités. Vous affectionnez les rites et les traditions. Toujours prêts à aider les autres, poussés par votre sens aigu du devoir. Pour apprendre, vous aimez un cadre structuré et des consignes précises.

Attention : votre sens de l'organisation peut vous amener à devenir rigides, intransigeants. Vous pouvez décourager les innovations qui ne s'appuient pas sur des éléments connus.

Efforts : intéressez-vous aux autres : à leurs critères d'actions, à leurs sentiments, à leurs valeurs personnelles.

2. Type ISFJ, le devoir avant les loisirs

Vous êtes observateurs, attentifs, défenseurs des opprimés. Vous aimez l'harmonie et évitez les conflits. Vous vous posez souvent en sauveurs, respectez les institutions et les règles. Vous vous sentez à l'aise quand les instructions sont précises et les tâches clairement définies.

Vous avez un tel sens du détail que vous pouvez en négliger l'ensemble d'une situation et les conséquences à long terme.

Efforts : faites le tri dans vos priorités pour être moins absorbés par les exigences de votre entourage.

3. Type INFJ, le souci d'harmonie entre les individus

Vous êtes créatifs dans les domaines concernant le développement personnel, solitaires au premier abord, organisés et méthodiques. Vous exprimez vos émotions et convictions ouvertement, surtout quand vos valeurs sont impliquées. Vous voulez connaître le sens des choses.

Vous avez tendance à privilégier la poursuite de l'idéal jusqu'à en oublier la réalité. Votre souci de l'harmonie peut vous amener à éprouver des difficultés à prendre certaines décisions pénibles ou faire preuve d'autorité.

Efforts : établir une barrière entre vos propres sentiments et ceux des autres.

4. Type INTJ, innovateurs

Vous êtes indépendants, guidés par vos convictions personnelles. Ne vous laissez pas influencer par les idées reçues, avec une grande confiance en vous et une vision à long terme. Plus les problèmes sont complexes, plus vous prenez plaisir à les élaborer, les résoudre.

Vous avez tendance à être extrêmement critiques et à négliger le point de vue des autres. Vous pouvez paraître froids et impersonnels.

Efforts : prenez davantage en considération les points de vue des autres.

5. Type ISTP, observateurs à grande mémoire

Calmes, réservés, capables d'actions rapides et intenses, imprévisibles avec une capacité de détachement, d'analyse et d'observation. Vous apprenez par l'action et l'expérience.

Vous avez tendance à bâcler vos besognes lorsque cela ne vous intéresse pas. L'excès de votre rapidité peut vous priver d'une vue stratégique de l'ensemble d'une situation.

Efforts : placez vos actions immédiates dans un cadre à long terme. Favorisez la création sans efficacité.

6. Type ISFP, dévouement, gentillesse

Vous êtes observateurs et acteurs intenses, non compétitifs, tournés vers le bien-être des autres. Vous recherchez l'harmonie entre les personnes. Vous avez tendance à vous sous-estimer et à passer inaperçus et vous êtes très sensibles à la qualité de l'environnement.

Vous êtes facilement victimes de votre propre gentillesse, ayant de grandes difficultés à dire non. Vous pouvez vous noyer dans vos actions concrètes en négligeant vos objectifs et vos besoins.

Efforts : revalorisez l'image de vous-même. Visualisez et imaginez vos projets. Projetez-vous dans le futur.

7. Type INFP, à la recherche du Graal

Vous avez l'esprit ouvert, imaginatifs, flexibles, curieux et exigeants, un tantinet perfectionnistes envers vos idéaux. Vous aimez que vos sentiments et vos idéaux soient reconnus. Votre souplesse trouve sa limite quand vos valeurs fondamentales sont violées.

Votre souci d'idéal peut vous verser dans le fanatisme et votre souci de perfection peut vous amener à ne pas conclure.

Efforts : prenez soin de votre corps. Développez le sens concret.

8. Type INTP, à la recherche de cohérence

Vous êtes des penseurs profonds plongés dans vos réflexions, toujours prêts à vous poser de nouvelles questions. Vous repérez immédiatement la faille logique et voulez maîtriser les situations sur le plan intellectuel. Vous aimez apprendre pour le plaisir d'apprendre.

Vous préférez la théorie aux faits que vous avez tendance à négliger. Vous êtes plutôt impatients avec ceux qui ne fonctionnent pas comme vous intellectuellement.

Efforts : développez votre sensation sur des détails concrets. Prêtez plus d'attention à vous-même.

9. Type ESTP, à la recherche de la meilleure efficacité

Vous avez le sens aigu de l'observation et de l'action concrète. Vous optimisez vos efforts et économisez l'énergie déployée. Vous êtes faciles à vivre, négociateurs et vivez dans le présent. Vous aimez apprendre si vous voyez l'utilité pratique. Vous aimez apprendre par l'expérience.

Vous avez tendance à manquer de continuité dans vos actions, et à vous montrer insensibles, ne tenant compte que de votre intérêt ou faisant des remarques trop directes sans tact.

Efforts : prenez en compte les sentiments et valeurs des personnes qui vous entourent.

10. Type ESFP, naturellement optimistes

Vous êtes spontanés, flexibles, observateurs, attentionnés, hyperactifs. Vous dégagez une atmosphère de gaieté. Vous évitez les conflits. Vous n'aimez pas beaucoup l'école traditionnelle. Vous recherchez des activités de contacts humains.

Votre impulsivité peut devenir excessive. Le sens du contact peut vous faire perdre de vue la tâche à accomplir.

Efforts : établissez des priorités. Planifiez votre emploi du temps et vos ressources.

11. Type ENFP, communicants, intuitifs

Vous avez un goût artistique développé. Vous êtes expansifs, chaleureux, spontanés, flexibles, excellents dans les relations humaines avec une curiosité insatiable dans ce domaine. Vous agissez sur le mode de la séduction. Vous aimez les réunions joyeuses et les fêtes. Vous êtes très entourés.

Vous avez du mal à faire des choix et vous pouvez vous enliser au stade de la conception. Vous pouvez faire montre de procrastination, tendance à tout remettre au lendemain.

Efforts : fixez des critères de choix. Faites une liste des points à prendre en considération avant d'entreprendre un projet.

12. Type ENTP, intuitifs, à la créativité débordante

Vous êtes prompts à agir, questionneurs infatigables tant pour vous-même que pour les autres. Vous préférez les modèles aux faits. Vous avez le goût pour la nouveauté et l'approche originale des problèmes. Vous êtes prêts au changement, novateur. Vous vous souciez très peu de la hiérarchie.

Votre vivacité peut poser des problèmes avec les autres. Vous épuisez votre interlocuteur. Vous pouvez vous montrer surpris quand les autres ne fonctionnent pas comme vous et n'ont pas compris vos allusions. Alors vous vous dites être entourés d'incapables.

Efforts : abandonnez votre certitude pour entrer dans le mode de fonctionnement d'autrui. Vous avez un intérêt particulier à connaître le MBTI qui vous rendra bien des services.

13. Type ESTJ, organisateurs

Vous êtes logiques, systématiques, sociables, respectueux de la hiérarchie. Avant d'établir un plan d'action, vous savez fixer des objectifs. Vous exprimez aisément ce que vous pensez, cultivez votre amitié au moyen de clubs. Vous êtes des piliers d'associations.

Votre amour pour les décisions vous pousse parfois à vous précipiter. Vous tendez à juger à la place des autres et à savoir mieux que la personne concernée ce qu'il convient de faire.

Efforts : développez votre imagination et laissez place à l'imprévu.

14. ESFJ, volonté de faire plaisir

Vous avez un sens développé de la vie sociale. Vous vous conformez aux normes en vigueur et avez le souci constant d'aider les autres. Vous pouvez pousser ce dévouement jusqu'à oublier vos propres besoins. Vous éprouvez du ressentiment envers ceux qui profitent de vos services.

Votre souci de l'harmonie peut vous amener à cacher vos problèmes plutôt que de risquer un conflit. Vous ne percevez pas toujours les conséquences à terme de votre action. Vous savez mieux que les autres ce qui leur convient.

Efforts : cherchez de nouvelles manières de faire. Envisagez toutes les conséquences de vos actions.

15. ENFJ, leaders naturels

Vous avez une grande capacité à comprendre votre entourage, vous êtes pleins d'empathie, très sociables, avez une influence forte sur autrui, et aimez être en groupe. Vous êtes si convaincus de vos idées que vous comprenez mal que les autres n'adhèrent pas. Vous vous investissez fortement dans vos relations.

A vouloir sauver le monde, vous risquez de vous épuiser. Vos craintes des conflits peuvent vous amener à escamoter les problèmes. Vous êtes bavards, excessifs, au détriment du travail.

Efforts : soyez factuels. Examinez les moyens disponibles pour voir l'origine des conflits, plus faciles à enrayer.

16. ENTJ, des chefs nés

Vous avez une grande tendance à prendre les choses en main sans vous en rendre compte. Vous êtes étonnés quand on vous fait la remarque. Vous voulez que les choses aient un sens. Vous aimez les activités structurées. Vous apprenez de façon méthodique et organisée. Vous acceptez la critique dont vous tirez profit.

Vous êtes plus faibles dans l'exécution que dans la conception. Vous décidez trop vite. Votre goût pour le commandement peut tourner à la domination. Vous avez du mal à donner des appréciations positives.

Efforts : développez votre capacité à vous occuper des détails pratiques. Faites l'inventaire de vos ressources nécessaires pour mener à bien un projet.

Résumé synthèse : 4 dimensions – 8 préférences

Extraversion (E) : agit puis réfléchit, réfléchit en parlant, exprime ses émotions, sociable, tire son énergie des relations avec les autres.

Introversion (I) : pense avant d'agir, pense avant de parler, garde ses émotions pour lui, réservé et discret, tire son énergie de ses projets.

Sensation (S) : aime les procédures, peut paraître routinier, préfère les faits précis et mesurables, s'intéresse aux détails.

Intuition (N) : aime le changement, la nouveauté, s'intéresse aux possibilités, spontané et rapide, peut paraître rêveur.

Pensée (T) : décide avec sa tête, fonctionne de façon logique, objective, voit la réalité d'un point de vue observateur, a tendance à être critique, peut paraître froid aux « **F** ».

Sentiment (F) : décide avec son cœur, fonctionne selon ses convictions et valeurs, voit la réalité du point de vue des acteurs, peut paraître émotif aux « **T** ».

Jugement (J) : aime maîtriser son organisation de vie, l'ordre, le classement, planifie ses activités, a le sens des délais et des horaires, peut paraître rigide et coincé aux « **P** ».

Perception (P) : mode de vie flexible, disponible aux opportunités, aime la profusion, le jaillissement, supporte mal l'autorité, peut paraître désorganisé et irresponsable aux « J ».

En résumé

Les **ST** sont pratiques et logiques, réalistes, organisés et méthodiques. Parfois autoritaires et trop factuels, pouvant paraître insensibles.

Les **SF** sont concrets et amicaux, générant une atmosphère de gaieté. Ils aiment l'harmonie et évitent les conflits. L'effervescence de leur vie peut parfois être difficile à suivre.

Les **NT** ont soif de connaissance. Ce sont des visionnaires inventifs, logiques, perfectionnistes à l'esprit critique. Ils sont prêts au changement. Ils ont le goût prononcé de la contradiction, et sont parfois cyniques ne tenant pas compte des sentiments d'autrui.

Les **NF** sont idéalistes au service de l'humanité, hypersensibles prenant les critiques pour des attaques personnelles. Ils ont une forte capacité à comprendre les autres. Ils cherchent du sens à leur vie et à plaire à tout prix.

Les **SJ** sont concrets et réalistes, dans le respect des traditions. Ils ont la critique facile et font peu de compliment. Ils peuvent être rigides et rejeter toute nouveauté.

Les **SP** sont pratiques, réalistes, adaptatifs, inventifs, efficaces, sociables. Ils supportent mal la routine et sont parfois versatiles.

Les **NP** sont entreprenants, curieux, créatifs, adaptables, plein de ressources.

Les **NJ** sont justes, profonds, décidés, logiques, stratégiques, sûrs d'eux.

Comment communiquer avec un « E », un « I », un « S », un « N », un « T », un » F » , un « J » ou un « P » ?

Pour communiquer avec un « E » : manifester de l'enthousiasme. Répondre rapidement. Porter de l'attention sur le monde extérieur, les gens.

Pour communiquer avec un « I » : laisser le temps d'établir la confiance, le temps de la réflexion sans le surcharger de questions. Ne pas prendre son silence pour du désintérêt.

Pour communiquer avec un « S » : apporter des faits concrets, montrer des applications réussies, être clair et direct ; ordonné et planifié.

Pour communiquer avec un « N » : présenter un schéma d'ensemble, encourager l'imagination, ne donner un détail qu'à la demande, faire valoir les nouvelles possibilités.

Pour communiquer avec un « T » : être bref et concis, logique, objectif rationnel, avoir l'esprit critique.

Pour communiquer avec un « F » : être personnel et chaleureux, montrer l'intérêt humain, être attentif au comportement non verbal.

Pour communiquer avec un « J » : établir un planning et s'y tenir, laisser du temps de préparation, ne pas procéder par surprise.

Pour communiquer avec un « P » : laisser les évènements établir le calendrier, laisser le temps d'envisager tous les aspects, autoriser les changements.

Liens MBTI et HP

Comme vous avez vu, il existe différents profils d'adultes HP. Chacun a une force plus développée - cadeau - ou une faiblesse plus marquée - fardeau - dans un domaine.

Un exemple : certains ont une élaboration verbale de la pensée riche. Certains ne pensent qu'en image et ont du mal à verbaliser. A vous de relever dans la vitrine des signes en début de livre, vos traits. Vous avez indépendamment de votre HP un profil de personnalité, qui peut être défini par le MBTI.

J'ai essayé de mettre en avant quelques particularités communes au profil HP. Identifiez les vôtres. Vous vous rendrez compte que vous avez deux mêmes signes dans la même rubrique. Un double signe. C'est justement cette apposition des deux qui exaspère les autres aussi bien lorsqu'il s'agit d'un cadeau ou d'un fardeau. C'est une théorie qui peut s'appliquer à tout le monde, quelles que soient la force ou la faiblesse (F).

Deux forces qui se décuplent, s'annihilent et excèdent votre entourage car elles accentuent le décalage et grandissent l'incompréhension. D'où ce mouvement d'énervement, d'irritation extrême autour de vous. Il est important de les repérer car en pratique cette double force, moteur de votre personnalité va être responsable de votre souffrance. Si vous ne les repérez pas, vous allez justement forcer sur celles-ci et horripiler encore plus l'autre. En les identifiant, cela vous permet de ne pas forcer sur votre talent et de corriger plus particulièrement ce double défaut.

Exemples

- HP, très créatif à l'imagination fertile, vous êtes du type ENTP, innovateur. Vous aurez comme force une créativité éruptive. Et vous entendrez dire à votre sujet : vous êtes en avance de 10 ans. Cette avance fait peur et fait fuir les gens autour de vous.

- HP, très empathique en ayant tendance à la procrastination, vous êtes du type ENFP. On vous reprochera de ne rien produire et d'être un beau parleur qui ne tient pas ses engagements. On vous reprochera aussi de vouloir trop aider en permanence.

C'est aussi vrai si vous forcez votre talent quel qu'il soit. Vous avez un naturel convaincant car vous êtes un communiquant hors norme, vous êtes charismatique. Inutile de vouloir convaincre à tout prix. Vous allez à l'encontre de votre objectif. On va vous considérer comme hautain, autoritaire et on aura tendance à ne pas vous suivre à votre grande surprise et déception. Si vous n'avez pas conscience de votre pouvoir de conviction, et de votre débordement d'empathie, vous ne comprendrez rien et rongerez votre frein. A l'inverse, si vous prenez conscience de cette force en vous, vous serez plus confiant et naturellement avec envie, on vous suivra.

Etude personnelle

En ayant approfondi mes connaissances sur le MBTI, j'ai réussi à décrypter les 4 lettres d'une vingtaine d'adultes HP ayant des personnalités très différentes. Ils m'ont confirmé mes présomptions à la lecture de leur profil MBTI qui leur allait comme un gant. J'ai fait l'effort d'abandonner mes certitudes pour entrer dans le mode de fonctionnement d'autrui avec cet outil précieux qu'est le MBTI. Mes relations avec le monde extérieur se sont considérablement améliorées et ma souffrance a diminué en retour.

Petit truc

Repérez votre double signe et vous trouverez l'antidote. Prenez-en conscience, et vous n'aurez plus de remarques inattendues. Freinez votre double talent.

2e partie

Adulte surdoué en consultation d'endocrinologie

Un signe, un déclic

En tant qu'endocrinologue avec une compétence pédiatrique, je suis amenée à recevoir des enfants et des adultes. Les enfants consultent pour une petite taille, une pilosité augmentée, une puberté précoce ou retardée, un diabète, une maladie de la thyroïde ou des surrénales. Les adultes consultent pour les mêmes raisons exceptés les problèmes de croissance et pubertaires qui sont remplacés par des soucis de fertilité ou de ménopause, miroir de la puberté, de calcium ou pour d'autres maladies ayant des répercussions sur les glandes ou associées à des maladies endocriniennes. Il n'est pas rare que je soupçonne le HP d'un de mes patients à la faveur d'un geste, d'une parole que je valide lors de la première entrevue.

Un signe qui oriente. Je vous dépiste enfants HP et remonte jusqu'à vos parents, ou bien je vous dépiste et je redescends jusqu'à vos enfants ou petits-enfants dans différentes circonstances. A la faveur d'un signe, à l'évidence d'un premier entretien, qui se confirme lorsque j'oriente ma conversation pour trouver d'autres signes de HP, un indice après plusieurs rencontres, un déclic après plusieurs années de relations amicales.

- Un ado qui me rapporte une réflexion d'un de ces profs : « Ce n'est pas possible qu'à ton âge, on puisse réaliser ça. Tu as copié. » Quand c'est faux, c'est très frustrant.
- Une ado qui me dit : « Je n'ai pas d'amis. On me fait toujours des remarques qui me blessent. »
- Une fillette de 9 ans qui me lance : « Je ne dors pas longtemps, mais je dors vite. »
- Un enfant de 8 ans qui n'arrive pas à fermer son livre d'Harry Potter malgré les injonctions de sa maman.
- Un adulte qui me dit : « J'ai écrit un livre sur Pompéi pour les enfants avec de vraies photos, pourquoi serait-ce seulement le privilège des adultes d'avoir de belles photos ? »
- Un adulte qui m'exprime très finement son état d'hyper angoisse, voire de phobie, face à un évènement ou un fait anodin.
- Une adulte m'avoue : « Je ne supporte pas la souffrance des enfants, je n'aurais jamais pu faire pédiatrie. »
- Un adulte me confie : « J'ai toujours peur de faire mal. »
- Lors d'une discussion sur les ondes positives et négatives.
- Lors de la découverte d'une hypersensibilité rentrée d'un ami dans une situation donnée.

Il était sous l'emprise de ses torrents d'émotions très enfouis, donnant l'impression d'être insensible, en mettant de la distance physique ou avec moi qui générait le trop d'émotion, coupant court à toute poursuite relationnelle. Ceci pouvait être interprété par autrui comme étant une personne dénuée d'affect. Grossière erreur ! C'est tout le contraire, une fois maîtrisée la tornade émotionnelle intérieure.

Il est important de tenir compte de suite de cet élément nouveau, le HP. Dans le cas contraire, on peut accroître la souffrance de son patient en minimisant, ou pire, en méprisant ses symptômes. Aussi bien pour les enfants que pour les adultes, la prise en charge doit être différente et spécifique.

Le stress et les maladies du stress

Le stress, c'est la boîte à fusibles, une menace aussi grave que le cancer, le lit de la déprime et les draps des maladies somatiques. C'est pourquoi il faut combattre ce fléau par tous les moyens pour changer votre état d'esprit, le reconnaître et le nommer pour éviter qu'il ne dégénère en maux.

Libérer vos émotions

L'annonce du haut potentiel ou/et d'une maladie nécessitant un traitement chronique génère bien des émotions, aussi bien chez l'adulte que chez l'enfant. Aider ces personnes à nommer leurs émotions facilite leur quotidien et l'observance d'un traitement que l'on peut alors mieux adapter selon leurs émotions et non selon les injonctions médicales. Cette libération émotionnelle améliore leur qualité de vie. Savoir nommer ses émotions au moment crucial de l'annonce, ou bien à distance a le même effet positif et protecteur contre une éventuelle dépression.

Qu'est-ce que le stress ?

Le stress, (du grec *strictus*, serrement de la gorge) constitue la réponse de l'organisme aux pressions exercées sur lui, appropriées à toute exigence. Une adaptation est nécessaire pour éviter un épuisement, car le stress distille nos ressources physiques qu'il soit bon ou mauvais. Le stress positif, état amoureux, humeur avant une compétition de natation, par exemple, est si exaltant que vous ne le reconnaissez pas. Mais si l'émotion est trop forte, vous êtes sous pression. Initialement, il permettait de réagir face à une agression. L'organisme en situation de stress développe des réactions favorisant toutes les performances physiques pour fuir l'agression. Il y a une sécrétion accrue d'adrénaline libérant du sucre et des graisses dans le sang, source d'énergie nécessaire pour améliorer le rendement musculaire. Les poumons et le cœur interviennent rapidement en accélérant la respiration et le pouls qui facilite le transport de l'oxygène vers les muscles sollicités. Les pupilles se dilatent pour accroître la vision. Cet état d'alerte permet de fuir devant un tigre. Les réactions face au stress ont ensuite dérivé vers un effet plus délétère, non pas que les tigres aient disparu, mais les dangers se sont modifiés et la force physique n'est plus en première ligne.

Lutter contre une maladie, surmonter une douleur sont actuellement de grands pourvoyeurs de stress. Un surcroît d'adrénaline ralentit la réparation, le renouvellement des cellules et diminue les sécrétions d'endorphine, antidouleur naturel et physiologique.
En 2017, le stress est un ensemble de réactions physiques, mentales et émotionnelles, résultant de la pression, des soucis et de l'anxiété. Il est le terme communément employé pour décrire des symptômes physiques découlant d'une tension accrue. Un degré modéré de stress est parfaitement normal et permet de faire face aux défis quotidiens. Mais un surcroît anormal engendre des réactions physiques désagréables et aboutit à des maladies. Quand la tension monte, le corps est soumis à l'environnement hormonal dont la principale actrice est l'adrénaline, suivie de près par le cortisol. Elle permet à l'homme de fuir en cas de danger ou de le combattre. L'énergie provoquée par des stimuli stressants reste enfermée dans l'enveloppe corporelle au lieu d'être consumée. Le stress subsiste et le corps ne revient pas à un stade d'équilibre. Il s'adapte à cette tension continue. Le taux d'adrénaline reste élevé et le corps demeure en état d'éveil permanent. C'est lorsqu'un état de tension intense se pérennise qu'on se sent en état de détresse. On a l'impression d'avoir perdu tout contrôle de soi-même, on ne peut plus faire face aux exigences de la vie qui nous sont imposées et le mal-être s'installe peu à peu.

Voici quelques symptômes physiques caractéristiques d'un stress prolongé

Maux de tête, fatigue, difficultés de concentration, irritabilité, humeur agressive, palpitations, brûlures d'estomac, nausées, vomissements, diarrhée, inappétence ou boulimie, psoriasis, impuissance, bouche sèche, cou douloureux, crampes, diarrhées, articulations douloureuses, mictions impérieuses, fourmis dans les membres ou engourdissement. Le stress prolongé, insaisissable tant il est difficile à définir, agit aussi sur l'humeur : impossibilité de se concentrer très longtemps, sentiment d'isolement, difficultés à prendre des décisions, oublis et confusions répétés. Sentiment de frustration et anxiété. Sentiment de découragement et de désespoir.

L'anxiété

L'anxiété se définit par la présence d'une peur en l'absence de raisons objectives. Elle est parfois masquée par la consommation de drogue comme la cocaïne, l'alcool, le tabac, un tranquillisant, mais aussi le chocolat ou autre aliment consommé en excès (boulimie), anti-stress qui provoque une illusion temporaire d'être libéré de l'angoisse. L'anxiété peut avoir ses sources dans l'enfance. Les graines semées dans le passé sont en train de germer. On rencontre dans les niveaux de stress intense la peur de l'échec ou du rejet, la culpabilité, la honte et un sentiment envahissant d'anxiété, d'impuissance. Beaucoup de symptômes arrivent pour dissimuler sa propre anxiété comme les troubles alimentaires compulsifs, accompagnés d'abus au cours de soirées entre amis, troubles obsessionnels du comportement comme se laver les mains constamment, prise de drogue, absorption excessive d'alcool ou augmentation de l'intoxication tabagique, comportement agressif, modification des habitudes de sommeil (se coucher après minuit ou se réveiller très tôt le matin).

Pourquoi est-on stressé ?

Vaincre le stress est un processus continu qui consiste à réagir à chaque situation nouvelle. Notre capacité à vaincre les évènements stressants dépend de la façon dont on saura équilibrer la nature du problème et des effets qu'il produit sur nous. Un déséquilibre trop important accentuera le sentiment de pression et empêchera d'accomplir les efforts nécessaires pour trouver une solution. L'élément fondamental pour gérer le stress de façon efficace et durable est de commencer par identifier les sources des problèmes auxquels nous sommes confrontés, puis évaluer leur impact dans la vie quotidienne. Sachez que le stress est là pour accentuer les symptômes et non les alléger.

Exemple : si votre charge de travail est trop forte pour vous et que vous avez l'impression de perdre le contrôle, le stress engendré vous rendra la tâche plus ardue. Les principales sources du stress émotionnel résident dans la vie de tous les jours. Rupture sentimentale, problèmes dans la vie conjugale, jalousie. Difficultés avec les enfants, les parents. Problèmes à l'école. Résidence éloignée qui rend les contacts difficiles. Mauvais état physique. Moyens de transport bondés nécessitant plusieurs heures de trajet, nuisances sonores. Chacun est

exposé quotidiennement à toute une gamme d'influences négatives pouvant affecter l'humeur, le comportement et l'état de santé général. Une origine peu connue de stress réside dans la dépendance face à une personne, ou les personnes victimes de manipulations mentales. Pour parvenir à réduire le stress, il faut adopter des stratégies d'affrontement en essayant d'abandonner les habitudes comportementales négatives.*
La connaissance de ce véritable fléau, la manipulation, diminue le risque d'en être victime et constitue une forme de prévention. Cela peut vous permettre aussi de libérer une personne sous l'emprise.

Identifier les stress liés aux changements dans sa vie au cours de la dernière année

L'annonce d'un diagnostic de maladie chronique génère un stress non coté sur l'échelle de stress* que je pourrais coter à au moins 200 d'emblée : changement de vie, et d'habitudes...

---

* Un livre à lire *Échapper aux manipulateurs* de Christel Petitcollin, Guy Trédaniel éditeur.
* Jacinthe Thiboutot, *Gestion du stress et travail policier*, Modulo Editeur, 2000.

Évènements et unité de changement.

Décès du conjoint ou d'un enfant 100
Harcèlement moral ou sexuel, discrimination raciale 100
Séparation 73
Emprisonnement 65
Décès d'un membre de la famille immédiate 63
Blessure ou maladie 53
Mariage 50
Licenciement 47
Réconciliation avec le conjoint 45
Retraite 45
Changement d'état de santé d'un membre de la famille 44
Grossesse 40
Trouble sexuel 39
Ajout d'un nouveau membre dans la famille 39
Changement d'ordre professionnel 39
Changement d'ordre financier 38
Décès d'un ami intime 37
Climat professionnel hostile 36
Augmentation de la fréquence des disputes avec le conjoint 35
Emprunt ou hypothèque 31
Saisie d'un bien hypothéqué ou récupération d'un prêt 30
Enfant qui quitte le foyer 29
Ennui avec la parenté 29
Réalisation personnelle remarquable 28
Conjoint nommé à un nouveau poste ou licencié 26
Changement de condition de vie 25
Transformation des habitudes de vie 24
Ennui avec le patron 23

Modification de l'horaire ou des conditions de travail difficiles 20
Déménagement 20
Changement d'activités sociales 18
Modification des habitudes de sommeil 16
Modification des habitudes alimentaires 15
Vacances 13
Infractions mineures aux lois 11

Interprétation

Le résultat indique le degré de stress que vous vivez au quotidien au cours de la dernière année. Un score au-dessus de 250 indique une exposition élevée au stress. Cependant, cette grille est à moduler en fonction de votre propre ressenti. Pour certains, un déménagement est aussi stressant qu'un enfant qui quitte le foyer et pour d'autres, c'est aussi stressant que le décès d'un enfant. En période de haute vulnérabilité de stress, il est important de prévenir les conséquences possibles. Le premier moyen est de reconnaître le caractère stressant de certains évènements. Le second est d'utiliser une stratégie pour amoindrir les effets.

Quand j'ai découvert cette échelle, mon score était de 450. Ceci explique ce chapitre et la suite ! Le statut de médecin devrait être déjà coté à 200. Apprendre à gérer notre stress pour nos patients.

Comment vaincre le stress et retrouver votre faucille d'or dans un champ d'étoile

Évaluez le vôtre. Tenez un journal détaillé en inscrivant chacune de vos réactions vis-à-vis de situations stressantes. Cela détermine chez vous le niveau global de stress. Notez sur une feuille, quotidiennement, l'heure de l'évènement, le type, le sentiment ressenti et les réactions qui en ont découlé, puis faites votre propre analyse. Notez également les situations qui vous ont causé le plus de stress, l'ampleur du contrôle que vous avez pu exercer sur ces situations, la façon dont vous les avez perçues et les réactions dont vous avez fait preuve. Ceci devrait vous éclairer sur la manière dont vous réagissez à la pression. Vous serez surpris de découvrir que les situations les plus anodines provoquent chez vous les symptômes les plus puissants.

Vaincre le stress est donc un exercice de style à pratiquer quotidiennement pour améliorer son bien-être en changeant ses attitudes et ses perceptions vis-à-vis de la vie et des problèmes liés au stress, en parvenant à un juste équilibre entre la tension et la relaxation.

Changez votre situation et prenez des décisions parfois radicales : déménagez, changez de travail. Si votre travail est répétitif et peu existant, partez en vacances à l'aventure pour épicer votre vie quotidienne.

Simplifiez-vous la vie et faites-vous plaisir tous les jours. Apprenez à maîtriser l'usage de votre temps. Planifiez dans le temps vos tâches urgentes et moins urgentes, respectez votre agenda, n'oubliez pas de faire une pause. Définissez vos priorités. Fixez-vous des objectifs, n'acceptez plus de travail supplémentaire, si plaisant soit-il. Utilisez votre temps de manière créative.

Reconnaissez vos droits. Droit d'être traité avec respect. Droit de réussir, de rire, de pleurer, de dire non, d'échouer. Droit d'exprimer ses sentiments et ses opinions. Droit de se donner du temps, de se parler.

Faites du sport. Gérer son stress, c'est aussi être bien dans son corps. L'inactivité est l'un des principaux facteurs de stress dans le monde occidental.

Respirez. Il existe deux types de respiration : diaphragmatique et thoracique costale. En cas de stress, d'émotions fortes, d'angoisse, la respiration est haletante, anarchique de type costale. On étouffe car on ne prend plus le temps de respirer. Il faut réapprendre à respirer comme les bébés. Développez le mouvement du diaphragme, ce muscle qui permet de faire « gros ventre ». Inspirez de façon à gonfler ce ventre, puis faites pénétrer l'air dans le thorax qui se soulève. Prenez le temps minimum requis pour cette manœuvre, trois secondes puis soufflez pour dégonfler le tout. Le ventre régit en partie les émotions. Posez vos mains sur votre ventre, quatre centimètres sous le nombril. Inspirez profondément par la bouche, sentez votre abdomen se gonfler puis expirez en faisant retomber l'abdomen. Renouvelez cet exercice cinq fois et vos pensées auront changé de couleur et revêtiront un habit de détente dont vous ne pourrez plus vous séparer. Votre regard sur la vie se sera adouci. Lors de cet exercice, coupez le contact avec l'extérieur pour profiter au maximum de cet effet.

Arrêtez la cigarette. Devenez un non-fumeur. Choisissez votre méthode pour arrêter.

Découvrez les médecines douces. La détente musculaire est un prélude indispensable à toute lutte contre le stress. Faites votre propre recherche pour vous détendre. Relaxation, sophrologie, massages, réflexologie plantaire, thalassothérapie, méditation, aquathérapie.

Petit truc

Faites vos propres recherches pour découvrir la méthode qui vous sied le mieux par rapport à votre personnalité, et niveau d'évolution spirituelle. Découvrez les méthodes de résolution de conflits au sein des formations professionnelles continues.
Un exemple, l'analyse transactionnelle.

Quelques maladies liées au stress et répercussion du stress sur les maladies

Le psoriasis, peau rouge recouverte de pellicules blanchâtres squameuses. C'est le peigne qui égratigne.
L'urticaire, éruption de papules érythémateuses prurigineuses comme des piqûres d'ortie.
La pelade, chute de cheveux localisée à une zone circonscrite du cuir chevelu, des sourcils, plus ou moins large, associée au vitiligo.
L'eczéma, peau sèche, qui gratte.
Les colopathies fonctionnelles, l'aérophagie, l'ulcère duodénal.
Certaines pathologies peuvent voir le jour et être déclenchées après un gros stress, les maladies auto-immunes comme le diabète*, les maladies de la thyroïde.
Il existe aussi un retentissement du stress sur certaines maladies : l'asthme, l'épilepsie, l'herpès, la migraine, le diabète* et l'insuffisance surrénale*.

Lien possible entre HP et maladies de stress et maladies auto-immunes ?

Vous êtes HP, exposés au stress de haut niveau très tôt dans votre vie. Un stress aigu génère un pic de sécrétion de certaines hormones comme l'adrénaline en premier, juste après le cortisol puis l'hormone de croissance et la prolactine.

---

* Pour plus d'information, lire de la même auteure : *Coaching diabète* et *Bien vivre sans surrénales*.

L'adrénaline est synthétisée par une partie de la surrénale (voir schéma), la médullosurrénale. Le cortisol est sécrété par la surrénale (voir schéma), l'hormone de croissance et la prolactine sont sécrétées par l'hypophyse.

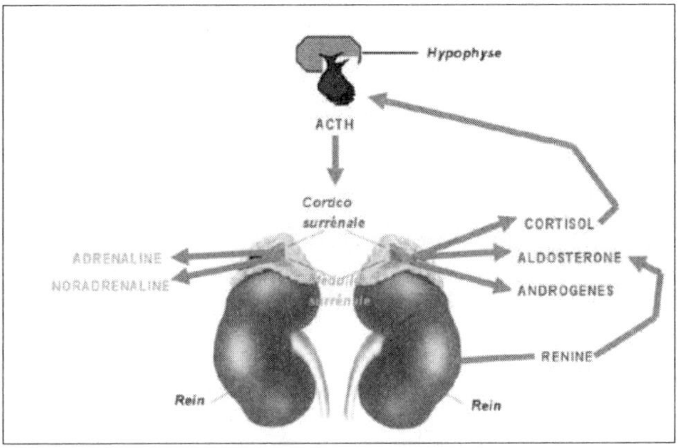

Régulation hormonale.
Extrait du livre *Bien vivre sans surrénales*

Un stress prolongé peut entraîner une perturbation du cycle du cortisol et être responsable d'une sorte de trop plein de cortisol avec des conséquences possibles sur la santé. L'excès de cortisol entraîne une immunodépression et un hyperinsulinisme, un excès d'insuline. On peut supposer que dans une période de stress prolongé entraînant un surplus de cortisol, les cellules immunitaires ne fassent plus leur travail d'épuration. Chez tout individu, on fabrique des cellules cancéreuses qui sont immédiatement détruites par le système immunitaire. De même, on fabrique des auto-anticorps également éliminés par ces cellules protectrices.

A la faveur d'une baisse de vigilance, une cellule cancéreuse ou un auto-anticorps émergera et évoluera en une tumeur cancéreuse ou un clone d'anticorps responsable de maladies auto-immunes. L'hyperinsulinisme, responsable du diabète à long terme, est un des facteurs pouvant contribuer à la formation de cellules cancéreuses*. Les pics prolongés de prolactine peuvent avoir une influence sur la survenue des menstruations, en les rendant irrégulières ou inexistantes pendant un moment. C'est aussi vrai pour les pics prolongés de cortisol. L'hormone de croissance est une hormone de la contre régulation, sécrétée lors de la baisse de niveau de sucre dans le sang, comme l'adrénaline et le cortisol, potentiellement diabétogène.

Les hormones sont finement régulées et le moindre dérèglement peut avoir une action néfaste. Elles interviennent à différents niveaux. Les sujets HP sont très souvent soumis à un stress extrême, ayant pour conséquence des perturbations hormonales minimes qui effectivement pourraient favoriser l'apparition de ce type de maladies : maladie du stress, maladies auto-immunes.

Tout ceci me pousse à vous conseiller vivement de maîtriser votre stress en apprenant à le gérer par différentes méthodes, celle qui vous convient le mieux. J'ai appris au fil de mon expérience que l'apparition d'une maladie est une sorte de leçon de vie. Si vous n'avez pas appris la leçon, l'histoire se repro-

---

*Pour plus d'information, lire de la même auteure : *Revivre après un cancer du sein.*

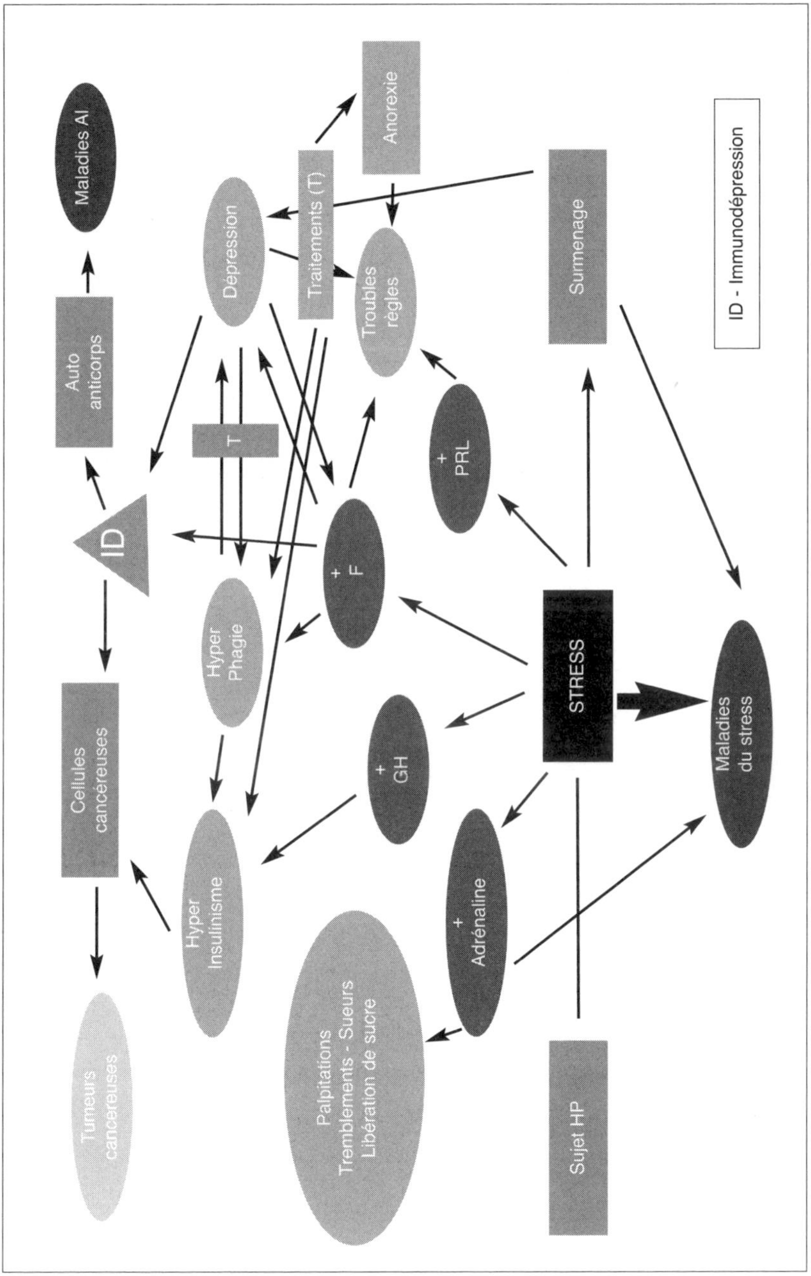

Maladies AI
Auto anticorps
ID
Cellules cancéreuses
Tumeurs cancéreuses
Dépression
T
Hyper Phagie
Hyper Insulinisme
Traitements (T)
Anorexie
Troubles règles
+ F
+ PRL
+ GH
+ Adrénaline
Palpitations Tremblements - Sueurs Libération de sucre
Surmenage
STRESS
Sujet HP
Maladies du stress
ID - Immunodépression

duira et une nouvelle maladie peut apparaître. La leçon réside souvent dans l'acceptation d'un changement de mode de vie qui vous est néfaste. Il arrive que ce mode de vie délétère soit nié et la leçon n'est donc pas sue. Le déni est un grand moteur de stress, encore pire que celui qui est reconnu.

Je renouvelle mon conseil : soyez à l'écoute de votre corps, regardez les clignotants autour de vous, ce sont des béquilles de la vie qui sont là pour vous protéger et non vous faire obstacle.

Maladies endocriniennes auto-immunes

Du fait de leurs fréquences, je vais vous détailler les maladies de la thyroïde dont le mécanisme d'action est l'auto-immunité : thyroïdite de Hashimoto responsable d'hypothyroïdie et maladie de Basedow à l'origine d'une hyperthyroïdie. Votre soif de tout savoir et de tout contrôler vous dicte parfois un comportement spécial, raison pour laquelle je vous détaille ces deux maladies.

Les questions entament leurs rondes obsédantes dans vos têtes. Certains d'entre vous HP se murent dans le silence, et vous ne voyez que des images et avez du mal à verbaliser. Alors j'essaie de vous deviner. Là bingo, vous me dites : « c'est exactement ça ». Alors je me lance en vous devançant.

Thyroïdite de Hashimoto et maladie de Basedow

La thyroïde est une glande située à la base du cou en avant. Elle est responsable de la sécrétion des hormones thyroïdiennes triiodothyronine (T3) et thyroxine (T4). Le contrôle de la sécrétion des hormones thyroïdiennes se fait par une hormone, la TSH, sécrétée par l'hypophyse située à la base du crâne. Elle s'élève lorsque la production d'hormones thyroïdienne diminue et s'abaisse lorsque celle-ci augmente. Le bon équilibre est déterminé par un taux normal de TSH dans le sang.

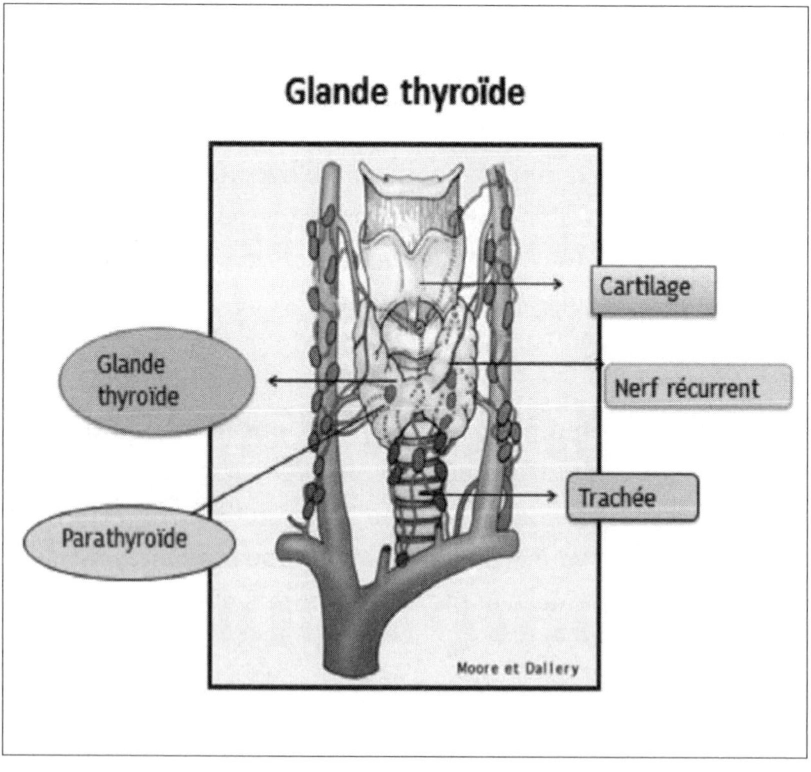

Le corps humain se défend contre les infections par l'intervention des globules blancs, lymphocytes et polynucléaires. Ils produisent tout un arsenal d'armes biologiques qui détruisent les intrus. Une des armes appelée anticorps, est produite par les lymphocytes. Certains d'entre eux produisent des anticorps dirigés contre un ou plusieurs organes. On les nomme auto-anticorps. Dans la maladie de Hashimoto, responsable le plus souvent d'une hypothyroïdie, ou maladie de Basedow, entraînant le plus souvent une hyperthyroïdie, ces anticorps attaquent la glande thyroïde. Ils sont responsables d'un dysfonctionnement. A l'examen clinique, on retrouve un goitre, c'est-à-dire une augmentation de taille de la thyroïde. La surrénale, le pancréas, les ovaires, sont aussi touchés par les auto-anticorps qui altèrent leur fonctionnement. Ils peuvent être associés aux maladies de la thyroïde. Lorsqu'il existe deux atteintes d'organe, il est licite de dépister régulièrement les autres.

Hypothyroïdie

On appelle hypothyroïdie, le défaut de sécrétion d'hormones thyroïdiennes dans le sang. Les symptômes sont : bradycardie (ralentissement du rythme cardiaque), épaississement de la peau du visage et du cou, ralentissement psychique, teint cireux et élévation du taux de TSH. L'hypothyroïdie est plus ou moins sévère en fonction de son ancienneté.

Le traitement est simple : un comprimé de Lévothyrox® par jour. Le Lévothyrox® est le médicament de référence, sous forme de comprimés allant de 25 à 200 µg. Les doses administrées varient suivant le degré de l'hypothyroïdie, l'âge du patient et la tolérance. La surveillance est aussi simple. La dose est ajustée selon les résultats du dosage de TSH, excellent marqueur d'équilibre hormonal. La dose adéquate est la dose qui permet d'obtenir un taux de TSH compris entre 0.5 et 2 mUI/l.

Hyperthyroïdie

On nomme hyperthyroïdie, l'excès de sécrétion d'hormones thyroïdiennes dans le sang. Elle se traduit par ces signes : tremblements, accélération du rythme cardiaque (tachycardie), intolérance à l'effort, gène en présence d'une chaleur excessive (thermo phobie), amaigrissement, insomnie, grande fatigue.
L'hyperthyroïdie est plus ou moins sévère selon son ancienneté et la sensibilité personnelle. Les examens de laboratoire mettent en évidence un abaissement de la TSH et une concentration élevée d'hormones thyroïdiennes dans le sang.

Le traitement non codifié et la surveillance de l'hyperthyroïdie sont plus compliqués que ceux de l'hypothyroïdie. Les antithyroïdiens de synthèse, Néomercazole® le plus prescrit sont transitoires. Selon la sévérité initiale de l'hyperthyroïdie, les doses sont adaptées tous les mois en fonction des résultats du dosage de TSH et des habitudes des spécialistes. Lorsque l'hyperthyroïdie est sévère ou que vous envisagez une grossesse rapidement, on peut être amené à envisager une ablation de la thyroïde et le traitement devient alors celui d'une hypothyroïdie. Lorsque l'hyperthyroïdie dure longtemps un traitement radical est alors proposé sous forme de radio iode ou d'ablation de la thyroïde. C'est une décision collégiale qui se prend en fonction de la situation clinique et du choix du patient.

Maladies auto-immunes associées aux maladies de la thyroïde

Les plus fréquentes touchent la peau, donnant la pelade, les ovaires, responsable d'une ménopause précoce, le pancréas à l'origine du diabète insulinodépendant de type I, le tube digestif connu sous le nom d'intolérance au gluten ou maladie cœliaque. D'autres plus rares touchent les muscles, myasthénie, les lignées sanguines, l'anémie de Biermer ou le purpura thrombopénique, les articulations, polyarthrite rhumatoïde, et les sécrétions de larmes et salive, syndrome sec.
Chez vous, la découverte ou la vie avec une maladie chronique déclenche les foudres et aggrave vos angoisses qui s'immiscent partout, jusque dans votre sommeil. Double cause de débordement émotionnel. Les gens sont imprévisibles face à cette incompréhension, ce qui accentue encore plus votre angoisse et votre détresse face à cette maladie chronique. Un HP incompris, attention !

Julia, 40 ans

Julia, 40 ans, belle femme bien coiffée, bien habillée me joue la partition du désastre qui envahit mes oreilles. Elle est réveillée par des cauchemars très fréquents, le panthéon de ses souvenirs.

Depuis quelques années, elle porte une prothèse capillaire pour masquer une pelade et se noircit les sourcils avec un crayon à cet effet, une très belle courbe. Elle ne supporte pas les faux cils. Sa perruque m'est invisible. Voyant mon étonnement, Julia a tenu à la retirer. Elle me montre un taux de TSH 0,150 mU/L. Je lui dis qu'elle allait bientôt retrouver sa créativité et de nouveau peindre en couleurs de l'arc-en-ciel, grâce à mon traitement miracle. Elle m'invite quelques mois plus tard à son vernissage dans Paris et me dit : « En venant, il y avait tellement de vent que ma coiffe s'est envolée. J'ai toujours une étole de secours, en guise de turban car cela m'est déjà arrivé. Je prends ça pour un signe, ce soir je vais vendre mes tableaux pour pouvoir me racheter une prothèse capillaire qui coûte cher ». Son intuition a été bonne, elle n'a jamais vendu autant d'œuvres en un temps si court. Je la vois pétillante avec son étole élégamment agencée, une faucille d'or dans un champ d'étoiles. Ce jour-là, elle a planté un clou lumineux dans son mur de bonheur.

Attention, la ménopause guette

Mon expérience d'endocrinologue me fait insister particulièrement sur ce sujet, encore trop souvent relégué aux oubliettes, mal considéré ou même méprisé par certains de mes confrères. Oui, vous serez gagnées par cette ménopause physiologique vers 52 ans ou avant. C'est une différence fondamentale entre les hommes et les femmes et un motif d'incompréhension, par ignorance, chez les hommes. En effet, comment comprendre que subitement sa partenaire le délaisse dans l'intimité, alors que chez lui tout fonctionne à merveille ?

Ce changement brutal de comportement chez la partenaire est dû à l'arrêt de fonctionnement des ovaires qui ne sécrètent plus l'hormone du plaisir, l'hormone de l'envie. Cependant, vous ne ressentez pas toutes les effets de la ménopause de la même manière et n'éprouvez pas toutes le besoin d'être traitées. Par expérience, ce besoin change dès lors que je parle de ce sujet et que j'entre au cœur de vos vies. Vous ne saviez pas que les petits désagréments que vous ressentiez étaient à rattacher à cette ménopause. Beaucoup changent d'avis après cette information.
J'ai aussi rencontré des gynécologues très proches de leurs patientes qui les écoutent longuement, les traitent longtemps dans le seul souci d'assurer leur qualité de vie. N'oubliez pas que le traitement hormonal de la ménopause protège contre l'ostéoporose. Ce traitement n'admet qu'une seule contre-indication absolue, les antécédents de cancer du sein personnel*.

La ménopause prématurée survient avant l'âge moyen de 53 ans, généralement avant 45 ans. Elle peut faire suite à une cessation précoce d'activité des ovaires par destruction auto-immune (ovarite) ou par ablation, ou lésion chirurgicale des ovaires. Les signes de ménopause sont variables d'une femme à l'autre, mais d'autant plus bruyants que vous êtes jeunes et HP. Vous vous sentez âgées avant l'âge avec une baisse de votre rendement, de votre créativité. Vous pouvez vivre avec

---

* Pour plus d'information, lire de la même auteure : *Revivre après un cancer du sein.*

des postures de morts vivants. Je préfère anticiper vos connaissances à ce sujet pour vous éviter d'errer à cette période et surtout celle de la péri-ménopause.

Voici quelques symptômes qui vous signalent une ménopause. Vous avez des bouffées de chaleur surtout la nuit. Elles vous obligent souvent à jeter vos draps et couvertures par terre. Elles entraînent des troubles du sommeil responsables d'une fatigue et de troubles de l'humeur le jour. Un rien vous énerve. Cette fatigue est aggravée par un manque de tonus global, une impression de vivre avec dix ans de plus, une sensation fort désagréable d'être ralenties, avec l'apparition de troubles de mémoire, de douleurs diverses et variées. Vous vous plaignez de rapports sexuels douloureux et parfois d'absence de libido. C'est plutôt votre conjoint qui se plaint plus que vous de votre panne de libido car vous ne vous en rendez pas toujours compte. Vous pouvez aussi avoir d'autres signes qui vous sont propres et que vous rapporterez à cette ménopause une fois que vous les aurez vus disparaître sous traitement substitutif de la ménopause (THM). Et vos fantasmes amoureux reviendront au galop ! Non traitée, elle entraîne un risque d'ostéoporose, une maladie grave du fait de ses risques de fractures du col du fémur et des tassements, de fractures des vertèbres altérant considérablement la dépendance des patientes atteintes et altérant profondément la qualité de vie.

Petit truc

Je vous conseille vivement de vous informer sur le THM.

Elise

Elise ne fait pas son âge, 72 ans, et a encore une activité débordante comparable à une femme non retraitée, grâce à son traitement hormonal qu'elle poursuit depuis sa ménopause survenue à 50 ans. Jalousée même pour son envie de toujours faire. Un suivi par mammographie annuelle est cependant indispensable. Elle n'a jamais pris de somnifères ni d'antidépresseurs, ni d'antidouleurs. Elle pratique régulièrement une activité physique et se porte comme un charme avec son dynamisme étonnant.

Troubles alimentaires

Il est fréquent de rencontrer chez l'adulte HP, à partir de l'adolescence, des troubles du comportement alimentaire soit à type de restriction, soit à type de grignotages, compulsion nocturne. On pourrait dire que l'alimentation fait le pont entre le cerveau droit, siège de la créativité et le cerveau gauche qui orchestre le raisonnement.

Lire de Muriel Servais : *Eliminer le poids de ses émotions avec la Psycho-Diététique® :*
« J'ai effectivement pu constater, comme l'indique le Dr Valérie Foussier, que l'alimentation, surtout sucrée, directement ou indirectement comme l'alcool, permet à un adulte HP ou à un enfant HP, de diminuer la souffrance que représente pour lui le fait de quitter, notamment, la créativité, la chaleur et la sensibilité du cerveau droit, et ainsi pouvoir arriver à vivre et à utiliser les qualités, néanmoins indispensables, du cerveau gauche, comme la stratégie, la froideur, le calcul et la logique.

Plus l'hypersensibilité du cerveau droit sera liée à un potentiel élevé et plus les interférences émotionnelles peuvent être élevées et proportionnelles à la quantité de surplus alimentaires nécessaires à apaiser le stress engendré par l'obligation, à certains moments, d'utiliser les compétences du cerveau gauche.
En fonction du terrain génétique familial, les conséquences de cette souffrance émotionnelle HP et donc de ce type d'attitude alimentaire, pourront aller d'une prise de poids, d'une perte de poids, d'un diabète, d'une hypercholestérolémie, de rhumatismes, d'arthrose, à des problèmes de santé plus sérieux quand ils ne sont pas entendus dans leurs signes précurseurs.

Le cheminement permettant la transformation des symptômes pourra réunir des savoirs complémentaires et nécessaires, comme les connaissances du corps médical dont le Dr Valérie Foussier fait preuve, avec une vocation et une passion profonde, ainsi que la mise en place d'un plaisir sportif personnalisé grâce à un coach sportif, l'harmonisation énergétique par des approches comme le massage, la Psycho-Energie ou encore l'utilisation de la Psycho-Diététique® qui va allier l'apaisement des souffrances à l'origine de la prise de nourriture émotionnelle et en fin de parcours, permettre la création d'un Art de vivre, de se nourrir, dans toutes les sphères de sa vie, et ceci, avec le soucis du respect de la personnalité, du potentiel et de ses caractéristiques uniques comme la présence d'un HP, du patient très souvent impatient d'exprimer cette joie de vivre latente. »

Les conduites restrictives

Elles sont une suite logique de l'hyper contrôle et notamment des apports alimentaires, provoquent une certaine jouissance et sont responsables d'une insuffisance pondérale parfois sévère. Le changement de comportement est difficile à obtenir et demande une aide médico-psychologique, une habile partition à quatre mains, et une grande patience. Ce peut être un désintérêt pour s'alimenter, préférant les nourritures spirituelles ou les prémices d'une dépression à rechercher. L'insuffisance pondérale peut parfois mettre en jeu le pronostic et nécessiter le recours à une hospitalisation prolongée et une réalimentation par perfusion.

Une sur-alimentation

Les grignotages, ou boulimie, sont fréquents et responsables d'un surpoids. Ils traduisent un mal-être non identifié ou identifié. Vous êtes mal insérés dans la société avec une grande mésestime de soi. Il est fréquent que l'obésité vous marginalise encore plus, vous voir refuser une embauche malgré vos diplômes et compétences non discutables. Nous, médecins, avons un rôle certain à jouer de concert avec un psychothérapeute. Il n'est pas rare de voir un amaigrissement dans les cas de surpoids, ou une prise de poids chez un anorexique, après l'annonce du HP à un adulte et de le voir décrocher un travail après avoir remonté son estime de soi.

Jérôme

Jérôme, 24 ans, souffre d'une obésité morbide. Son poids a atteint son maximum de 124 kg pour une taille de 182 cm lors de la première consultation. Rapidement, je soupçonne son HP et oriente l'interrogatoire. Il m'annonce comme un animal à terre blessé qu'il a été licencié pour ses formes repoussantes, pour faute professionnelle, en langage patron.

Il est bardé de diplômes prestigieux et a une expression orale précieuse. Il compte aller aux Prud'hommes pour être réparé sur le plan moral. Je diagnostique entretemps une insuffisance gonadotrope, c'est-à-dire une baisse de sécrétion de testostérone due à un mauvais fonctionnement hypophysaire. Je lui donne mes deux conclusions et lui fais miroiter un avenir rapidement meilleur avec un traitement hormonal à base de testostérone, de mise en avant de toutes ses compétences et avec mon allergie à l'injustice qui me pousse à lui faire une lettre circonstanciée pour les Prud'hommes. Je le revois six mois plus tard. Il me dit : « Je ne suis pas venu avant parce que je voulais vous revoir en ayant tout réglé. Primo, j'ai gagné aux Prud'hommes, votre lettre m'a bien aidé. Secundo, je suis redescendu en dessous de la barre des 100. Tertio, j'ai trouvé un travail qui me plaît dans une petite boîte. Quarto, j'ai une petite amie. Votre traitement est miraculeux. Merci. »

3e partie

Comment rendre la vie plus belle ?

Apprivoisez votre Volcan ou votre Magma

J'ai rencontré une kyrielle de métaphores pour exprimer cette hypersensibilité fardeau, comment-arrêter-de-penser-et-débrancher-mon-cerveau ? Les plus fréquentes sont montagnes russes, tsunami, déferlante ou débordement émotionnel, bouillonnement intérieur, bouffées, vague ou torrent d'émotion, effervescence de sentiments, distorsions ou dyslexie émotionnelles. J'emploierai dans ce chapitre le vocable plus imagé de Volcan pour ces yoyos émotionnels, ces oscillations émotionnelles. Nommez votre démon qui vous chatouille. Cela vous aidera par la suite auprès de votre entourage. Un surnom de votre fardeau, une façon un peu de rire de soi qui désamorce bien des bombes. Comment maîtriser ou éteindre votre volcan émotionnel alias Volcan ?

Certains d'entre vous pensent en images et ont beaucoup de mal à les former ou formuler en mots. Il s'ensuit une grande difficulté à exprimer vos émotions. Cette inhibition émotionnelle, je l'appelle ici Magma.

Origine de ce Volcan, de ce Magma

Caractéristiques de votre Volcan

Vous pouvez passer en un instant du rire aux larmes, de l'extase absolue à la détresse la plus profonde telle une décharge électrique. Vous pouvez très bien éprouver au cœur d'un bonheur immense des pulsions suicidaires ou destructrices. Toute la rage du monde s'installe en vous. Votre arborescence de pensée est responsable de ce changement brutal d'humeur. Vous êtes le personnage de tous les extrêmes. Quand les mots se perdent dans votre ramure ou passent si vite dans votre tête, quand les implicites sont difficiles à comprendre, vouloir s'exprimer peut créer de vraies difficultés relationnelles. Et le Volcan se déclenche. Vous vous contenez beaucoup dans la gestion de vos émotions. Vous tentez de mettre à distance toutes vos émotions qui vous assaillent au quotidien. Cependant, très vite, vous êtes touchés, blessés. Une remarque anodine, un mot rapidement lancé, une phrase négligemment employée vont déclencher votre Volcan que vous essayez de canaliser dans un premier temps, d'intellectualiser, de minimiser et de refouler. Vous tentez en permanence de faire baisser l'éruption, malgré des larmes qui montent et la colère qui vous envahit.

Ce Volcan a les caractéristiques d'être à la fois disproportionné et déstabilisant. Il survient souvent pour des futilités et forme les recoins émotifs de vos rêves. Il emporte tout à l'image d'un tsunami dévastateur. La violence de la réaction n'est alors plus en rapport avec la situation initiale parfois banale. Cela prend des proportions démesurées : hurlements, coups de poings, objets qui valsent, agressivité contre vous. Cette crise de l'extrême a pour objectif d'évacuer le surplus. C'est un exutoire qui, malheureusement, devient vite un conflit et peut avoir des conséquences plus graves. Il est important dans ce contexte de vous faire retrouver votre calme rapidement. La seule possibilité est d'attendre sans rien dire ou énoncer des choses très neutres, parler d'autres choses. Surtout ne pas intervenir sur l'origine de la charge émotionnelle pour ne pas donner prise à ce Volcan. La discussion devra venir dans un second temps.

A la phase d'explosion, le temps se déforme. Vous pouvez avoir besoin d'un mois pour vous en remettre complètement. Il peut aussi persister bien plus longtemps qu'il ne devrait et peut être responsable d'un abattement durable paralysant.

1 seconde de déception = 1 mois de mal-être

Vous avez un nombre de neurones et de connexions considérable. Vous avez aussi la possibilité de recréer des nouvelles liaisons. C'est ce qu'on appelle la plasticité cérébrale, une grande découverte récente. La plasticité cérébrale consiste à créer de nouvelles connexions entre les neurones après la perte de ceux-ci et de créer ainsi de nouveaux réseaux. Ceci explique que même très vieux, on peut apprendre, mémoriser toute sa vie. Vous avez une vitesse de transmission des informations et un pouvoir de plasticité qui vous est propre. La vitesse n'est pas non plus la même selon les parties du cerveau et des types d'informations à traiter. Le traitement de certains évènements peut prendre entre 3 et 5 ms. Le temps de lire cette phrase, votre cerveau a traité une centaine d'informations. Ce qui explique le jeu d'association. Le cerveau est multi-tâches. Toutes les parties du cerveau peuvent traiter plusieurs choses différentes. Si une région est touchée, une autre prendra le relais, ce qui veut dire que la puissance du cerveau est infinie. L'hyperactivité cérébrale est ce Volcan sous un crâne, un état permanent d'hyperactivité avec des connexions à grande vitesse et qui se déploient dans toutes les zones du cerveau simultanément. Ce Volcan réduit considérablement les capacités de penser et devient très rapidement difficile à canaliser. Une conséquence directe est une pensée toujours en marche, que vous n'arrivez jamais à stopper : *J'en ai tellement dans la tête que cela m'embrouille... Je ne peux pas écrire tout ce que j'ai dans la tête, je perds le fil de mes idées... Ça va trop vite.*

Cette plasticité cérébrale avec ce type de connexion explique un phénomène que vous avez sûrement déjà vécu au moins une fois dans votre vie : résoudre parfaitement un problème mathématique sans passer par les étapes intermédiaires, ce qui vous a valu des commentaires du style : vous avez copié sur votre voisin, zéro car vous n'avez rien démontré... ce qui avive bien sûr votre Volcan. Elle est également responsable de phénomènes troublants : la persistance d'une odeur après sa disparition, la perception de celle-ci en évoquant un souvenir ou après la stimulation d'un autre sens.

Caractéristiques de votre Magma

Vous avez peur de vous brûler les yeux au cœur du merveilleux ou du désastreux. Votre Magma pourrait se comparer à un comportement d'inhibition paralysante face à une situation traumatisante. Votre Magma représente alors la solution la moins mauvaise pour vous, face à votre « agresseur potentiel ». Il vous évite d'être en situation d'infériorité par l'attaque, ou la fuite qui l'activerait.

Chaque situation du quotidien peut se référer à un évènement marquant, intégré dans votre mémoire. C'est la qualité de stockage, les colorations affectives de la prime enfance qui joueraient sur votre Magma. Vos mémoires se comportent comme des glaces déformantes fondues sur les ombres de votre enfance, ou de votre imagination. La mémoire a plus tendance à retenir les souvenirs négatifs qui chassent les positifs et attise votre Magma. Il peut être une sorte de vengeance froide envers les autres, contre vous-même. Il transforme les excitations physiques et émotionnelles non extériorisées lors d'une agression en action ou somatisation, avec un coût énergétique moindre par rapport à toutes autres solutions considérées comme plus communes.

C'est lors d'agressions répétitives, véritables dards allergisants, même mineures ou de réminiscences que votre Magma se ranime automatiquement pour alimenter des cercles vicieux, jusqu'à parfois induire une réorganisation profonde de la personnalité. Votre Magma est le seul moyen que vous avez trouvé pour rester en équilibre et éviter de vous noyer. Il ne vous empêche pas, en revanche, de dériver. L'exprimer serait un moyen pour retrouver le cap. L'aide d'un thérapeute est souvent nécessaire.

Déficit de l'inhibition latente

Vous avez une possibilité extraordinaire de traitements simultanément de plusieurs données. Cependant, vous n'avez pas ce discernement immédiat d'ordonner vos informations. Vous traitez tout au même niveau d'importance. Ceci explique qu'un petit détail peut envahir votre pensée comme un évènement traumatisant. Vous avez un défaut de votre inhibition latente.
L'inhibition latente est le processus qui permet de hiérarchiser, de trier les informations que votre cerveau vous envoie de droite et gauche. Elle supprime les bruits, images, sensations, une sorte de tri automatique. Et ce tri automatique est effectué afin que vous ne soyez pas submergés par toutes les informations insignifiantes, et pour vous permettre de vous concentrer sur l'essentiel. Il s'agit d'un processus neurologique fondamental qui se déclenche à l'insu de votre volonté consciente. Ce tri automatique ne se déclenche pas dans le cerveau de la personne HP qui se trouve face à une cascade d'informations qu'elle doit traiter manuellement.

L'empathie extrême

Pour beaucoup, vous pensez d'abord avec votre cœur avant de penser avec votre tête. C'est bien là la source de vexations. Vous êtes une véritable éponge. Vous absorbez en continu la moindre particule émotionnelle en suspension autour de vous. D'une sensibilité exacerbée aux émotions ambiantes, vous ressentez également les émotions des autres, c'est ce que l'on appelle l'empathie à l'extrême. Cette empathie est constante et peut perturber vos relations humaines. Vous vivez les émotions de l'autre au centuple, sans pause. Cette perméabilité laisse peu de repos et conduit à des gestes épuisants. Vous avez du mal à vous isoler de ce brouhaha émotionnel capté avec force et tous vos sens en éveil.

Votre vue perçante aiguisée permet de voir le détail d'une scène ensuite analysée, des particularités que les autres aperçoivent à peine et dont ils ne soupçonnent pas la présence. Votre regard perçant et votre mémoire époustouflante vous permettent d'emmagasiner un nombre incroyable de ces précisions en un laps de temps record.

Votre ouïe fine permet de distinguer des informations sonores en provenance de plusieurs sources, comme si vous disposiez de plusieurs canaux auditifs et que vos oreilles avaient des jambes. Tous les messages auditifs captés sont traités en même temps et vous pouvez ainsi réagir à l'un ou à l'autre de ces messages avec la même justesse qui est souvent incompréhensible. On vous surnomme Vous-n'écoutez-pas. Votre entourage est bien convaincu que vous ne pouvez entendre ayant l'oreille branchée sur votre baladeur audio, sur la télévision allumée, sur une conversation téléphonique en cours et sur un vacarme ahurissant dans la rue. Et pourtant si. Vous avez très bien entendu. Vous disposez en plus d'une capacité de discrimination auditive qui vous permet d'intercepter les sons de très basses fréquences pas toujours audibles par tout le monde, comme les ultrasons des dauphins. Un murmure, un bruissement, un pas de velours d'éléphant parviennent à votre cerveau avec la même netteté qu'un son plus perceptible.

Votre odorat, toujours en activité, est un de vos précieux atouts. L'odorat est un sens secondaire dans la société moderne. C'est pourtant un sens essentiel. Vous êtes capable de garder cette capacité étonnante de vous servir des odeurs pour tirer les informations sur des personnes et les choses qui vous entourent, comme sentir de la fumée à des kilomètres et débusquer un incendie pour appeler les secours plus rapidement. Vous en parlez rarement car vous ignorez que les autres ne disposent pas de ce sens. Pourtant, avec votre odorat développé, vous élargissez encore votre réceptivité sensorielle et augmentez significativement le nombre de données.

Vous avez aussi le goût et le toucher très développés. Il existe un nombre impressionnant de gastronomes HP. Vous sentez la texture de la peau des autres. Vous êtes attirés par les matières. Vous avez souvent le besoin de toucher pour bien comprendre. Vous êtes des Touche-à-tout. Comme si par ce geste, vous vous assurez d'avoir bien assimilé tous les composants des objets. A l'inverse, vous pouvez ne pas supporter le contact d'une matière comme le synthétique, la laine, le papier.

Vous voyez certaines choses invisibles et imperceptibles par les autres. Vous tirez des conclusions et mémorisez des éléments qui échappent à autrui. La capacité d'utiliser vos cinq sens élargit votre réceptivité au monde. L'exacerbation de vos sens génère une sensibilité émotionnelle élevée. Tout est perçu tout le temps, étroitement lié à une réceptivité de l'amygdale plus élevée. L'amygdale est le siège des perceptions et réactions émotionnelles. Véritable sentinelle du corps, elle capte les moindres signaux sensoriels présents dans l'environnement et réagit de façon intense. Avec les techniques d'imagerie fonctionnelle IRM, on peut voir fonctionner le cerveau en temps réel. Grâce à cette déferlante sensorielle, le cortex frontal va rapidement se désactiver. Il se met sur off. L'émotion prend le contrôle exclusif de la situation sans être ni canalisée, ni contrôlée, ni intégrée dans un processus analyste plus complexe. Et, sous l'emprise des émotions, tout peut arriver. Le cerveau est submergé et vous êtes emportés par ce Volcan avec les risques que cela comporte.

Maîtrisez votre Volcan ou Magma

Pour maîtriser votre Volcan ou Magma, faites comme le Petit Prince, apprivoisez-le.

Verbalisez

Parfois, passer de l'image aux mots est impossible. Comment traduire ce Volcan sans trahir ce que vous pensez, en trouvant les termes justes, au bon moment, en étant sûr que l'autre comprendra précisément ce que vous avez à dire ? Parler, c'est un dépucelage de votre esprit, le début de la maîtrise de ce Volcan. Ce peut être une personne intime qui le fait à votre place :

> *« Quand j'étais angoissée, je ne savais pas pourquoi. Ma mère avait le chic pour trouver les mots exacts à mon ressenti ainsi que les explications. C'est exactement ce que je ressens... Tu as trouvé les mots exacts... Moi, je savais pas ! »*

Isolez-vous. Prenez une feuille de papier, votre ordinateur. Ecrivez vos impressions sans les envoyer. Attendez le lendemain au minimum pour adresser votre courrier récriminateur ou enjôleur. Attendez d'avoir recouvré vos esprits car vous pourrez constater qu'il n'est plus d'actualité. Cela vous épargnera du temps et de l'énergie.

Pour ceux qui pensent en image, n'hésitez pas à les dessiner ou à les peindre. Il se peut que vous trouviez des personnes qui vous donnent les clés de votre Magma, à savoir qui vous décrivent votre situation émotionnelle au moment de votre réalisation. C'est un moyen précieux de formuler des choses non formulables pour vous. Vous pouvez aussi emprunter la voie de la musique, du sport, guidé par un thérapeute. Il est souvent plus difficile de faire exprimer votre Magma que de canaliser votre

Volcan, tout comme il est plus difficile de faire grossir une personne anorexique que de faire maigrir une personne en surpoids.

Danse d'un soir

Le velouté de ton étoffe
Exhale ton parfum séducteur,
Moelleux à ses heures,
Ta fragrance réchauffe.
Tes ailes magiques,
Ton parfum d'étincelles,
Transforment le tragique
En véritables dentelles.
Les matins deviennent or,
Les pluies s'évaporent.
Valse d'un soir,
Ce parfum fatal,
Danse dans la soie
Un souvenir cristal !

Trouvez quelqu'un qui vous aide à mettre en mots.

Anticipez

Dès que vous sentez votre Volcan pointer, informez votre entourage de votre état émotionnel. Vous pouvez vous dévoiler par écrit, par oral, en direct, quelques minutes ou heures avant. Le simple fait de penser à cette phrase va canaliser votre pensée et entraîner votre Volcan dans un sommeil salvateur. Formulez une phrase qui caractérise le plus votre Volcan du moment. C'est une bonne méthode. Cela permet de calmer le jeu des deux côtés.

Prévenez aussi quand vous êtes dans une éruption positive où tout s'enchevêtre. Cela vous permet de trier et de retrouver un fil conducteur compréhensible par les autres. Vous serez dispensés d'entendre "tout part en vrille"... "ça part dans tous les sens" qui vous blesse. Non, ça ne part pas dans toutes les directions. Cela a un lien judicieux. Vous avez votre logique intérieure, un grand fil conducteur.

Luttez contre l'anticipation anxieuse

L'anticipation anxieuse crée une angoisse diffuse qui vous gâche la vie. Luttez contre cette anticipation anxieuse en vous sentant vivre, en vous faisant plaisir. Le plaisir pour le plaisir. Regonflez votre estime de soi avec un environnement bienvaillant, une stabilité affective. N'hésitez à recourir à l'aide d'un thérapeute. Prenez un enfant par la main et montrez-lui le chemin. Valorisez, encouragez, gratifiez chaque effort. Réconfortez tout le temps. Développez votre créativité pour grandir au plus proche de vous, pour éliminer votre tonne de souffrance et accroître vos moments de bonheur.

Découvrez votre résilience

Développez votre capacité à rebondir, aussi importante que la capacité à sombrer. Vous excellez dans la résilience, cette capacité à faire face, à s'ajuster, à trouver des solutions constructives face à la complexité de la vie, face à la douleur. Plus il y aura de difficultés, plus vous rebondirez. Votre vie est jalonnée d'espoirs infinis, de déceptions fulgurantes, de joies intenses puis de douleurs, d'enchaînements enivrants. Vous jonglez comme un ménestrel avec vos émotions contradictoires. Ce Volcan au cœur de l'intelligence. Tous les sens au service du plaisir de vivre. Essayez de puiser dans votre décalage des compétences nouvelles. Vous ressentirez une réelle satisfaction à dépasser la difficulté. Un défi. Une envie de réussir très forte chez vous-même lorsque tous les autres croient que tout est perdu. Vous seul avez cette capacité à retrouver et reprendre espoir. Vous avez naturellement ce besoin impérieux de vous dépasser. Votre énergie est une force surnaturelle. Un certain idéalisme peut être à l'origine de défis accomplis lorsque vous êtes capable d'écouter votre idéal.

Recherchez une autre cause au volcan

Un train peut en cacher un autre. D'autres situations que votre HP peuvent réveiller votre Volcan. Une dépendance affective. Une maladie chronique sensible au stress comme l'hyperthyroïdie, l'insuffisance surrénale. Lorsque vous avez comme habitant un double Volcan, vous êtes alors plus exposé à une double incompréhension de votre environnement responsable d'une triple gifle. Il vous appartient de faire une petite investigation personnelle dans vos profondeurs à la recherche d'un double Volcan.

Cessez d'être gentil, soyez vrai

Longtemps, vous avez vécu avec ces idées : *« si je ne fais ce que tu dis, je ne corresponds pas à la bonne image que tu as de moi »... « si je cesse d'être gentil ou prévenant, m'aimeras-tu encore ? Peut-être pas »*. Alors vous avez adopté le profil gentil pour être aimé, pour faire plaisir. Cessez d'étaler sans cesse votre gentillesse. Soyez vous-même.

Cessez d'être gentil

Vous avez tous un peu peur de constater la différence, vous l'évitez, vous la refoulez tout le temps. S'entraîner à la différence de l'autre vous permet de faire face à la vôtre, image en miroir. Vous pouvez aussi considérer la différence de l'autre ou la vôtre comme une menace. Si l'autre est différent, vous vous dites que vous risquez de devoir vous adapter, attention danger. Vous risquez d'être jugés. Vous vivez dans la peur de la désapprobation, de la critique. Oubliez vos mensonges pour être gentil. Mettez-vous en colère au risque d'être mal considéré. Enterrer une colère, c'est enterrer une mine. Prenez soin de votre colère. Elle peut être salvatrice.

Respectez vos besoins

Vous attendez que les autres devinent vos besoins que vous n'avez même pas formulés et parfois même pas identifiés. Définissez vos propres besoins et envies sans les projeter sur l'autre. C'est une belle liberté que vous vous donnez et que vous donnez à l'autre. Comme le chemin vers l'autre, un chemin vers soi est indispensable. Différenciez, *j'ai besoin de*, *j'ai envie de*, de *j'ai besoin que tu*. Cette phrase est fondamentale. En ignorant vos propres besoins, vous vous faites violence. Vos besoins doivent être reconnus, plus que satisfaits. Le besoin n'est ni le désir ni l'envie. Il arrive souvent que vos jugements soient seulement l'expression tragique de vos besoins inassouvis. Devenir adulte, c'est aussi se donner l'occasion de redéfinir ses priorités. Vous ne prenez pas le temps de vous aimer mais pour vous juger, vous prenez un temps infini. La vie est l'étoffe dont vos rêves sont faits. Donnez vie à la partie de vous qui est en veilleuse. Acceptez le changement d'un détail d'abord. Renoncez à la peur et basculez dans la conscience. Soyez présent à vous et aux autres dans l'empathie. Votre capacité d'écoute aide à la connaissance de vous-même, de la confiance que vous avez en vous-même.

Respecter vos besoins, c'est aussi respecter ce besoin de dire. Exprimez votre vérité et vos émotions dans le respect d'autrui et dans le respect de ce que vous êtes. Plongez dans le cœur de vous-même.

Mettez en mots votre solitude, votre tristesse, votre colère, votre besoin de reconnaissance, d'échange, de compréhension pour éviter de critiquer, d'insulter, de frapper, de voler, de boire, de déprimer. La violence est l'explosion d'une bombe de vie empêchée. Evitez le langage déresponsabilisant, les ordres : la tradition veut que : je suis triste parce que mes parents... je suis déprimé parce que le monde..., la couche d'ozone...
Ne reportez pas sur les autres votre mal-être, le traditionnel *« je suis triste parce que tu... »*. Attention aux failles importantes de votre enfance qui peuvent modeler votre vie d'adulte.

Vous avez longtemps pensé que pour être aimé et avoir votre place, vous deviez faire non pas ce que vous voudriez mais ce que les autres veulent. Etre vous-même, c'est risquer de perdre l'amour des autres. Vos émotions sont comme des vagues de sentiments disparates qu'il est bon de pouvoir identifier et différencier. Elles vous renseignent sur vous-même en vous invitant à identifier vos besoins. Le sentiment fonctionne comme un signal lumineux clignotant sur un tableau de bord. Il vous indique qu'une fonction n'est pas remplie, qu'un besoin n'est pas satisfait. Développez votre vocabulaire. Si vous vous coupez de vos besoins, quelqu'un en paiera le prix, vous-même ou l'autre. C'est très pesant d'être soumis au besoin de l'autre. Tout petit, vous apprenez à satisfaire le besoin des autres en tant que bonne fille, bon gars. Vous basez vos réactions sur vos impressions, vos croyances et vos préjugés plutôt que sur ce que vous ressentez vraiment. Vous n'êtes pas à l'écoute de vous-même, en adéquation avec vous-même. Cessez d'être gentil, soyez vrai.

Soyez vrai

Vous avez appris à faire pour plaire mais vous n'êtes jamais assuré de faire la bonne chose au bon moment dans la bonne mesure pour l'autre. Méfiance et doute apparaissent comme principe de vie pour beaucoup d'entre vous. L'autre est plus ou moins perçu comme un juge dont l'approbation conditionne votre bien être. Vous êtes dans la crainte de ne pas en avoir fait assez pour mériter son regard ou acheter sa clémence. Vous achetez de la reconnaissance, vous vendez de l'authenticité au lieu de vivre de vraies relations humaines.

Laissez tomber vos masques tristes et désolants. Ils isolent et rétrécissent en peau de chagrin. Vous ne pouvez pas toujours travestir la vérité au gré de votre confort. Il est de bon augure de contribuer à la clarté et à la transparence, à la paix dans votre vie quotidienne. Apprenez à dire non. Lorsque vous dites non, vous dites oui à autre chose. Vous dites oui pour être gentil, mais vous pensez non. Essayez de faire l'inverse. Vous resterez toujours aimable, même si vous n'êtes pas d'accord avec l'autre. A vous de trouver la bonne manière de le dire. La façon pour vous faire accepter plus facilement. Il arrive que vous disiez systématiquement non par rébellion parce que c'est l'une des seules façons que vous ayez de satisfaire vos besoins d'identité, de sécurité, de reconnaissance : *« je m'oppose donc j'existe »*. Apprendre à dire non, c'est travailler sur quatre valeurs : le respect, l'autonomie, la responsabilité, la force.

Arrêtez le ping-pong

Vous faites des reproches aux autres alors que vous ne connaissez même pas ce que vous leur reprochez. Vous imposez vos besoins aux autres. C'est du ping-pong. Vous risquez d'agresser l'autre et de générer vous-même de la violence. Exemple : *« j'en ai marre que tu me fasses la gueule,... non je ne fais pas la gueule... mais si... mais non... mais si... mais non ».*

Observez de façon neutre les faits, les paroles, le visage et l'expression de votre interlocuteur. Quand vous avez bien défini vos propres besoins, vous pouvez identifier votre réprobation et y remédier. Il y a plus de joie à tenter de résoudre un conflit qu'à les entretenir ou essayer de les aggraver.

Trois minutes pour vous trois fois par jour

Prenez trois minutes d'écoute de vous-même sans jugement, sans reproche, sans conseil, sans tentative de solution, trois fois par jour. Trois minutes de pleine présence à vous-même et non à vos projets ou vos préoccupations. Trois minutes pour faire le point de l'état des lieux sans essayer de rien changer. Trois minutes pour vous relier à vous-même, pour vérifier que vous vous habitez bien : oui je suis là. C'est de cette qualité de présence à vous-même que pourra naître cette qualité de présence à l'autre. Exprimez de la gratitude pour tous vos besoins qui sont comblés. Ayez des yeux pour regarder, des mains pour sentir. Lorsque vous vous nourrissez d'énergies portées par tout ce qui va bien, vous trouvez la force d'affronter tout ce qui va mal. C'est un principe d'écologie intérieure, les vitamines de la relation. Soyez vrai. N'attendez pas de perdre des proches pour exprimer tout votre amour à leur égard. N'attendez pas d'être hospitalisé pour célébrer la joie d'être en bonne santé. N'attendez pas d'être seul pour apprécier la compagnie. N'attendez pas que ça aille mal pour prendre conscience que ça allait bien. Soyez attentif à cette hygiène de conscience. Prenez soin de votre carburateur intérieur pour éviter qu'il ne s'encrasse. Soyez comme ces hommes du désert qui ont un radar pour capter le besoin des autres et qui ont développé une acuité de conscience et de cœur, une conscience conviviale. Ce sont des hommes de dignité, d'humilité, d'autonomie, d'intégration, de liberté, de responsabilité.

Acceptez de souffrir et de faire souffrir

Attention à la vieille habitude de penser plutôt que de ressentir. Quand on vous demande comment ça va, vous répondez souvent par une pensée, un concept, non par un sentiment. Il existe deux types de sentiments, les vrais et ceux comprenant une interprétation. Cheminez vers vous-même pour renoncer aux sentiments interprétatifs, et au scénario de victime, de plaignant. Cela évite le retour à la relation mère-enfant. Vous vous réappropriez votre vie, vous vous recentrez, vous vous cueillez et recueillez. Il se peut que vous ayez besoin d'un accompagnement thérapeutique pour tenter de résoudre certaines souffrances. Souvent, vous souhaitez qu'un autre écoute ce qui se passe en vous. Au risque de heurter quelques-uns, la souffrance peut être salvatrice, dans certaines situations.

Je me souviens avoir lu dans l'une de mes premières lectures après avoir décidé de nettoyer à fond mon intérieur, une phrase qui m'a fait bondir : *Tout ce qui vous arrive est bien pour vous* de Neale Donald Walsh. Aujourd'hui elle me sauve à chacune de mes déconvenues douloureuses. Elle me pousse à trouver un sens à cette souffrance qui s'allonge sur ma route. Accueillez-la comme une occasion. Une occasion de grandir, d'apprendre sur vous, sur l'autre et sur le sens de votre vie. Dès l'instant où vous acceptez d'y rentrer, elle précède une joie profonde et inattendue. La souffrance vient fissurer le mur. Ayez de l'empathie pour vous-même. Partagez avec ceux qui ne vous ressemblent pas car leur différence vous enrichit. Dansez vers l'autre en respectant ses limites et les vôtres. Ce qui fait mal ne fait pas forcément du tort.

Il peut arriver que provoquer la souffrance chez l'autre soit incontournable par rapport à votre besoin de vous respecter. Prenez soin de lui. Accompagnez-le dans sa détresse. Prendre soin, c'est aider l'autre à vivre et ce n'est pas tenter de lui faire l'économie d'une douleur qui se trouve sur son chemin.

Lorsque vous aurez accepté de souffrir, vous serez surpris de considérer votre Volcan, votre Magma presque comme un ami. Encore un petit travail avec un thérapeute et il deviendra un ami puis un vrai ami. Sitôt qu'il aura pris la position de vrai ami, il s'éteindra comme par magie. Vous serez aussi étonné de constater qu'on vient vous solliciter pour aller à la guerre, pour résoudre des litiges car on aura bien vite remarqué votre virtuosité. Ne vous offusquez plus d'entendre à votre sujet : on ne peut pas lui parler sans qu'il ou elle n'explose. Et après avoir résolu un désaccord : il ou elle a réglé très vite le différend. On ne s'y attendait pas !

Jaillissement du Magma

Discrète parmi tes frères,
Etouffée à l'intérieur,
Tu cherches à l'extérieur
Une vie comme messagère.

Tes mots restés bloqués
Ruissellent à présent
Sur les flancs d'un volcan
Tel de la lave dorée.

De manière subtile
Ton âme nubile
Distille ses boutons d'or,
Son pétillant et ses trésors.

Ni le temps, ni la distance
N'ont tempéré ton Amour,
La force de l'évidence
Qui illumine tes alentours.

Impact social, professionnel, familial

Vous êtes HP. Vous le savez depuis l'enfance, l'adolescence, jeune adulte. On vient de vous le découvrir à 40 ans ou après. L'annonce de votre HP va influencer votre vie. Plus tôt vous le savez, mieux c'est. Cela ne veut pas dire que le savoir dès l'enfance offre une vie sans encombre. Cela permet seulement de peut-être mieux se préparer à l'âge adulte et à l'adversité obligatoirement rencontrée entre amis, dans le milieu professionnel et familial.

Découverte du HP chez l'un des conjoints

Lorsque vous constituez un couple de HP, vous êtes tous les deux soumis à vos Volcans ou Magmas. Souvent, la force de votre amour passe au-dessus. Vote couple dure avec des avis de tempête. Lorsque l'un d'entre vous n'est pas HP, la vie n'est pas un long fleuve tranquille et la séparation fréquente.

La vie commune entre un adulte HP et un adulte non HP est très souvent source de souffrance pour l'adulte HP. Surtout lorsqu'il s'agit de la femme HP. Le partenaire non HP ne comprend pas du tout le comportement de sa conjointe qui se replie jusqu'à s'y perdre totalement. Elle abandonne ses projets professionnels et se plonge dans la maternité, dans son rôle de mère. Les frustrations sont immenses et activent son Volcan sans crier gare. Il est aussi fréquent que ses enfants soient aussi HP. Ce qui accroît encore plus l'incompréhension du père qui fuit, qui déserte. La mère se trouve confrontée aux difficultés d'élever un ou plusieurs enfants HP seule, avec les répercussions négatives sur leur bien-être.

Lorsqu'il s'agit du contraire, le père HP non reconnu comme tel, vit également une grande souffrance, encore plus replié que la femme HP. Il souffre du manque d'amour débordant de sa partenaire. Il le compense dans son travail et s'y fourvoie. Vous, femmes, lasses d'être molestées dès que vous ouvrez la bouche, demandez le divorce. Vous, hommes en quête d'une âme sœur reconnaissante, aimante à la folie, cherchez à droite à gauche et finissez par vouloir rompre le contrat. Vous vous séparez et les enfants HP sont encore plus perturbés. Vous déployez vos ailes généralement après la séparation, avec une aisance qui à la fois vous ravit et vous trouble car vous prenez conscience de tous vos sacrifices durant cette vie commune.

Conversation téléphonique un vendredi à 20 h entre Aude, HP 7 ans et demi et son père, très autoritaire et humiliant.

- Je t'ai vu à ma fête. Je t'avais dit de ne pas venir à mon école. Tu m'avais promis ! Tu m'as gâché ma fête. Tu es le pire des papas de la terre. Je te déteste. J'ai déchiré ta carte pour la fête des pères. Je te déteste. Est-ce que t'as pigé ? Faut quand même que tu saches que ça fait plus de trois ans que je fais semblant de t'aimer !
- Ça suffit maintenant, descends, on va rater l'avion
- Je m'en tape de ton avion. Je m'en tape de ton avion.
- Je ne comprends rien. Qu'est-ce que tu dis ?
- Je m'en TAPE de ton avion de MERDE !

Vie commune

Lorsque vous ne vous séparez pas, vous vous déchirez ou vous vous perdez dans cette adaptation obligatoire comme une chape de plomb. Vous ne connaissez point le Bonheur. Rares sont ceux qui arrivent à trouver cet équilibre dans le respect de vos différences, dans la considération de vos passions.

Vous, mères, vous consacrez entièrement à l'éducation et l'épanouissement de vos bambins, très tôt, chronophage. Vous vous épanouissez professionnellement, personnellement lorsque vos enfants ont grandi, à partir du lycée ou dans le supérieur, lorsqu'ils se sont forgé un avenir professionnel, affectif.

Découverte HP chez un collègue

Pour être soulagée, la douleur des adultes HP a besoin d'être exprimée, reconnue et comprise. Sinon, elle progresse avec l'audace d'un explorateur. J'ai d'abord eu un doute chez toi. Je l'ai balbutié. Tu n'as pas relevé et as fait semblant de ne pas avoir entendu. Ton attention était happée par un contre-courant de pensée. Un jour précis, je l'ai clairement identifiée chez toi. J'ai savamment choisi le moment pour te l'expliquer. J'ai pris le temps de te l'écrire avec le cocktail d'arguments qui m'a permis d'être sûre de ton HP. Tu as eu le temps de me lire, seul sans regard indiscret pour débusquer ton tourbillonnement intérieur ravageur, ton Magma. Tu es resté extrêmement discret. Je t'ai aidé à trouver en toi les solutions qui te conviennent. A laisser aller ta créativité bridée, à admettre ta singularité. Depuis que tu sais, tu réintègres ton bateau. Tu revisites les facettes endormies de ta personnalité. Esclave de tes émotions invisibles, tu mesures ton yoyo émotionnel. Tu te livres plus volontiers dans ta différence. Tu t'autorises bien plus à te distinguer de tes collègues. C'est un immense plaisir de collaborer avec toi et de le faire savoir.

A ta gauche, le passé, un champ de bataille.
A ta droite, l'avenir, de la terre à perte de vue sans route ni panneau. Posé, tu t'installes au milieu dans un présent vierge comme un terrain à bâtir.

Découverte du HP chez une amie

Positif

A l'occasion d'un déjeuner, le temps a suspendu son vol tandis que nous nous dévisagions sans ambages comme pour dire : voilà une idée intéressante à creuser. Le culot de ma remarque t'a tirée d'un long tunnel. Comme si tu réincarnais ton corps avec ta personnalité. La raison de ma présence, outre assister à la fête, était de te secouer élégamment, de te faire quitter ce qu'il te fallait éliminer afin qu'une nouvelle lumière puisse t'envelopper. Cela t'a obligée à transformer ta vie, à mettre les voiles vers ton maître spirituel. Tu descends dans le silence et écoutes ta petite voix. Ton esprit cède au questionnement sans fin, au balancement de tes pensées d'une branche à l'autre. Il danse allègrement à travers le temps, effleure des dizaines d'idées à la minute sans harnais ni discipline. Tu vas vers la paix avec toi-même en croisant sur ton chemin la pierre Incompréhension, la sente Colère, la vire Regret. Tu as brusquement compris le fonctionnement de toi-même, ton passé. **Après cette annonce HP, une amitié naît. Après cette évocation HP, une amitié change de tournure. Elle devient une amitié âme sœur.**

Négatif

Mes premières paroles, l'histoire HP, t'ont propulsée dans les sphères du bonheur, ayant été souvent dévalorisée dans diverses circonstances. Acte héroïque, je réitère mes paroles à ta demande devant tes immenses doutes sur tes aptitudes.

Aussi suis-je restée avec toi à te répéter encore et encore cette histoire à te montrer la collection de signes, jusqu'à ce que la réalité commence à s'imposer. C'était plus que tu ne pouvais encaisser. Tu l'as reçu comme un motif de souffrance, une flèche d'insultes, une bombe d'irrespect. Tu passes ton temps à excaver le passé ou à scruter l'avenir sans voir Dame présent. Tu finis par fixer ton regard sur un point unique, ton attention sur ta respiration. Pourtant, tu n'arrives pas à rester stable sur ton radeau pour gagner les rivages du divin. Tu dérives. Et tu m'éjectes de ton embarcation, de ta vie ! Je fonds en larmes en sanglots, ses effroyables hoquets syncopés à double pompage. Je n'avais pas vu venir le raz de marée. Je suis une membrane perméable et je l'ai pris de pleine face. Une morsure de chagrin ! Je m'évertue à trouver le fil du labyrinthe en refaisant le chemin inverse à la recherche de l'embranchement, où je m'étais égarée. J'ai travaillé, j'ai dormi longtemps avec toutes mes pensées remplies d'affliction. Le temps de rebondir. J'ai rebondi en trouvant le code secret. J'ai trop voulu t'aider, trop te sauver de toi-même sans te laisser le temps d'assimiler. Un simple problème de rythme a clôturé une belle amitié.

Impact familial sur l'efficience professionnelle

Le rôle de votre conjoint, de votre famille, de vos enfants, est essentiel pour vous. Vous avez besoin d'être extrêmement bien entourés sur le plan affectif. Une atmosphère chaleureuse est un moteur ultra puissant et une ambiance orageuse est un frein inimaginable. Non reconnus par votre conjoint(e), vous verrez votre vie professionnelle chaotique. Vous ne serez pas épanouis dans votre travail et ne donnerez pas le meilleur de vous-même. C'est pour cela qu'il n'est pas rare de vous voir rompre après l'annonce HP de l'un d'entre vous. La séparation est généralement suivie d'une envolée professionnelle extraordinaire. Plus lente est la réparation affective. Retrouver un partenaire peut prendre beaucoup de temps. Un suivi psychologique est nécessaire.

L'immense solitude

Ce sentiment de solitude naît de cette distance toujours ressentie entre vous et le monde, entre vous et les autres. Décalage souvent involontaire et douloureux malgré beaucoup d'efforts. Loin des autres. Solitude intérieure. Le sentiment d'isolement peut aussi se ressentir dans votre propre famille, difficile à vivre. Il vous pousse à l'engagement absolu. Vous vous investissez à fond dans l'autre, dans la relation en toute confiance avec votre belle naïveté. Pour vous, la notion d'amis est une notion absolue. La confiance est indéfectible mais très vite, la vie vient vous dire le contraire. Vos illusions s'envolent et vous vous effondrez. Comment lui, l'Ami de cœur a-t-il pu vous trahir ? Comment lui, a-t-il pu être infidèle ? Bien sûr, ce sont des trahisons infimes, imperceptibles si légères que souvent l'Ami en question n'en a pas conscience. Cela accentue le décalage. L'Ami ne comprend pas pourquoi vous lui en voulez et le délaissez. Vous êtes d'une susceptibilité invivable.

La plus petite réflexion, la moindre remarque, un mot employé, très à cheval sur la justesse des mots, déclenche chez vous un véritable cataclysme émotionnel. Ce cataclysme est une pelote truffée de nœuds pour celui qui vit la scène comme banale. Alors ces mini déceptions s'accumulent dans votre vie. Vous devenez hyper vigilant. Lorsque quelqu'un vous approche, vous sortez votre bouclier. Les autres bien sûr ressentent cette distance que vous gardez constamment. Vous vous mettez en observation. Vous passez tout au scanner de votre analyse : gestes, intonations, tenues vestimentaires, façon de s'asseoir. Vous ne demandez qu'à être le renard du Petit Prince. Vous risquez de ne pas enclencher la relation par peur d'être abandonné.

Vous vous êtes mis en tête également une règle d'or : ne pas trahir. Vous êtes capable de garder un secret, de combattre l'injustice de toutes vos forces et de toute votre âme. La moindre injustice vous révolte, c'est votre talon d'Achille. Et face à l'injustice, vous êtes prêts à tout. Votre placidité peut se transformer en furie, votre tendresse en haine farouche et votre passivité en agressivité inattendue. Les trahisons deviennent des blessures de canif à vif. Malgré tout, vous continuez à y croire, à espérer. Beaucoup d'espoir et l'insupportable désillusion à chaque fois plus grande et inattendue. Vos déceptions à répétition se retrouvent souvent dans la vie de couple, comme si vous étiez incapables d'apprendre par expérience pour évoluer. Vous êtes désappointés par vos retrouvailles amoureuses alors que vous avez cru à un moment chaleureux et fort. Vous vous sentez comme un enfant trahi. Votre rêve romantique s'évapore. Pourtant, vous voulez comptez pour quelqu'un.

Une façon mathématique de définir ce décalage, le cachet du HP qui ressent tout de façon décuplée et chez qui l'émotionnel joue une part fondamentale dans sa vie dans tous les domaines :

Décalage ↔ 1+1 = 10

Heureux en société et en famille

Rares sont ceux qui se prétendent être heureux et le disent. Pourtant c'est possible ! En renonçant à cette obsession de tout vouloir contrôler. En acceptant vos différences à cultiver comme un parc fleuri. Ces différences sont les racines de votre jardin de joie à entretenir en défrichant les fausses identités. Laissez-vous guider vers cette liberté de vous redéfinir, le terreau de votre jardin de joie. Marquez votre jardin de joie du sceau de votre personnalité.

Qu'est-ce qui vous procure du plaisir ? Quelles sont les cinq choses essentielles à votre réalisation de vous-même ? Dès que vous les avez définies, les programmer sans plus tarder pour vivre une éruption volcanique de Bonheur ! Le bonheur s'apparente à un voyage avec des escales enrichissantes.

Faites-vous des amis. Abandonnez votre humour caustique qui blesse l'autre, même si vous n'avez pas l'intention de faire souffrir. Riez de vos failles. Riez de vous-même. Vous serez très vite surpris de faire des adeptes et de voir une foule autour de vous, riant aussi aux anges.

Vous recherchez la décharge d'adrénaline par quelques moyens que ce soit. Version homme, vous pratiquez un sport extrême, vous prenez des risques inconsidérés pour autrui et fort décriés. Sans cela votre vie n'est que ruine. Version femme, vous cherchez à réveiller votre sensualité. Vous le croisez à l'occasion d'une fête d'amis communs, à une réception professionnelle, en descendant du train, dans un ascenseur. Un regard et la musique repart. Ses pupilles ont les reflets changeant d'un glacier. Elles laissent échapper une onde. Votre corps danse la salsa dans l'écho de son regard intense. Il dégage une vibration que vous recevez en plein cœur. Vous le reverrez ou non. Mais vous y penserez pendant des jours.

Trouvez l'âme sœur. Encore plus rares sont ceux qui sont heureux en couple sans avoir rompu une ou plusieurs fois. Toutefois, c'est aussi possible ! Souvent ce sont les couples d'adultes HP. En effet, chacun respecte mieux la différence de l'un ou l'autre. Pour vous aider, voir chapitre Relation amoureuse.

Ne vous étonnez pas de faire une crise existentielle tous les six mois et de vouloir tout quitter pour vous retrouver seul(e) ou mal accompagné(e). Ça passe et ça revient de façon récurrente. Résistez à cette fausseté du jugement quand tout va mal, d'avoir une envie pressante de tout larguer.

Rencontre d'un couple heureux en amour et au travail

Gabriel et Graziella travaillent tous les deux dans le milieu artistique, la photo, et le montage d'images. Ils sont complémentaires. Ils prennent professionnellement l'avis de l'un et de l'autre pour réaliser des documentaires. Dotés d'une grande sociabilité et d'un goût prononcé pour le Beau, ils ont le don d'attirer les gens à eux comme des abeilles par le miel de leur charme. Ils sont en parfaite harmonie et épanouis dans leur vie de couple. Oui ça existe le bonheur, cet Alhambra sans intérieur ni extérieur.

Il y a des gens formidables
que vous rencontrez au mauvais moment.
Il y a des gens extraordinaires
parce que vous les rencontrez au bon moment.

Développez votre créativité

Chercher, créer, est chez vous une seconde nature. C'est mis en terre ou en lumière selon votre parcours de vie, selon votre éducation, selon vos habitudes, d'utiliser ou non vos deux cerveaux droit et gauche. Cette hampe, créativité, ne demande qu'à croître ainsi que ses feuilles, sérendipité pour nourrir votre fantaisie, votre fertilité.
Le savoir sans l'imagination est un corps sans âme. Sans le corps, l'âme n'est que du vent, sans l'âme le corps n'est que ruine. Le savoir est votre phare, l'imagination votre lumière.

Qu'est-ce que la créativité, la sérendipité ?

La créativité

La créativité est le pouvoir de création, d'invention. C'est la capacité d'un individu ou d'un groupe à imaginer ou construire et mettre en œuvre un concept neuf, un objet nouveau ou à découvrir une solution originale à un problème, généralement sur commande en un court laps de temps. La créativité d'un individu ou d'un groupe est aussi sa capacité à imaginer et produire une grande quantité de solutions, d'idées ou de concepts, permettant de réaliser de façon efficace puis efficiente et plus ou moins inattendue un effet ou une action donnée. Elle peut être plus précisément définie comme un processus psychologique, sociologique, culturel par lequel un individu ou un groupe témoigne d'originalité dans la manière d'associer des choses, des idées, des évènements. Le résultat concret de ce processus change, modifie ou transforme la perception, l'usage ou la matérialité.

La créativité s'évalue en peinture, en architecture, en design, en musique, en cinéma, en littérature, en humour, en mathématique, en médecine, dans l'industrie, et autres domaines, par les délais de réponse, la rapidité de production, la quantité de solutions, l'efficacité puis l'efficience et l'originalité, l'inverse de la banalité.

La créativité est cette capacité à exprimer par n'importe quel moyen au hasard des rencontres, ce que l'on pense sans forcément le voir, l'entendre, le toucher, le sentir, le goûter. C'est aussi cette capacité à saisir les occasions qui existent en chacun d'entre vous. C'est à vous d'aller au tréfonds la découvrir, pour la développer. L'inaction mine la vigueur de l'esprit comme l'eau stagnante perd de sa pureté. Plus on en connaît sur un domaine, plus on l'aime. Il faut juste penser à ce que vous aimez, en savoir plus et vous devenez bien vite passionné. N'omettez aucun détail qui anime votre quotidien et vous conduit à une vie bien vécue, car une vie épanouie vous conduit à une mort paisible. Ce sont vos recherches et vos découvertes de toute une vie qui vous réjouissent véritablement. La réalisation de soi.

La sérendipité

La sérendipité, sa cousine germaine, est l'aptitude d'une personne à faire par hasard une découverte inattendue et à en saisir l'utilité scientifique ou pratique, la capacité à utiliser des éléments trouvés alors qu'on cherchait autre chose. Elle est naturellement très développée chez l'enfant et l'adulte HP, très souvent méconnue. Elle se traduit souvent chez l'enfant par une utilisation à une autre fin que celle décrite, d'un jeu, d'un objet. Ces enfants sont très forts. Surtout laissez-les faire. Elle se traduit chez l'adulte par une découverte d'une propriété autre que celle prévue d'une molécule. L'aspirine en est un bel exemple.

Attention, elle n'est pas toujours synonyme de production. Il est évident que ceux qui ont cette capacité développée arrivent à l'exprimer, exceptés ceux qui sont atteints de procrastination. Oui, je dis bien "atteint". C'est la tendance à vouloir remettre au lendemain, à ajourner, à temporiser. Elle est responsable d'une absence de production malgré une créativité riche. C'est un vrai handicap qui prête à confusion à diagnostiquer car elle peut se traiter pour le plus grand bonheur de ceux qui en souffrent.

Nos ancêtres HP artistes

Dans mon précédent ouvrage, *Enfants précoces, enfants hors norme*, j'ai rapporté plusieurs phrases d'Albert Einstein au QI qui sort des limites analysables. Je ne peux m'empêcher de vous faire relire celle-ci : *"L'imagination est plus importante que le savoir"*. Je voudrais rendre hommage à ceux qui ont apporté au monde leur génie HP, le peintre savant italien Leonard de Vinci, le pianiste compositeur hongrois Franz Liszt, le peintre espagnol Pablo Picasso.

Leonard de Vinci

Qui pense peu se trompe beaucoup.

La peinture est une poésie qui se voit au lieu de se sentir et la poésie est une peinture qui se sent au lieu de se voir.

Nul conseil n'est plus loyal qui celui qui se donne sur un navire en péril.

Franz Liszt

Aime le peuple, évite la foule.

Et si nous valions mieux que notre bonheur ?

Les arts sont le plus sûr moyen de se dérober au monde. Ils sont aussi le plus sûr moyen de s'unir avec lui.

Pablo Picasso

Quand je n'ai pas de bleu, je mets du rouge.

Un tableau ne vit que par celui qui le regarde.

On met longtemps à devenir jeune.

Lutter contre la procrastination

Définition

Le mot procrastination provient du latin *pro* et *crastinus* qui signifie demain. La procrastination est une tendance à remettre systématiquement au lendemain des actions, qu'elles soient limitées ou non à un domaine précis de la vie quotidienne. Le « procrastinateur », ou retardataire chronique, n'arrive pas à se mettre au travail, surtout lorsque cela ne lui procure pas de satisfaction immédiate.

Pourquoi remettre au lendemain ce que l'on peut faire le jour même ?

C'est un comportement beaucoup plus répandu qu'on ne le croit. C'est Jean de La Fontaine qui l'a découvert et mis en vers avec *Le Lièvre et la tortue.*

Ce comportement est le fruit de l'indécision. Il procure un plaisir trouble, mélange de frustration, d'angoisse et de sentiment de tout contrôler, de défi, d'être maître de son destin.

Poussée à l'extrême, la procrastination peut devenir un véritable handicap. C'est un peu comme si vous consommiez du temps à crédit. Vous décidez de ne pas commencer parce que vous n'avez pas confiance en vous, parce que vous ne savez pas organiser les priorités, parce que vous vous êtes engagés sans réellement bien réfléchir à la situation.

Vous trouvez toujours quelque chose de plus important, ou plus facile, ou plus plaisant à faire. Vous n'êtes pas en forme ce jour-là et vous pensez que ça ira mieux le lendemain. Vous faites attendre les autres, vous vous sentez importants, indispensables, voire revalorisés. Vous vous inventez des fausses bonnes raisons pour commencer un peu plus tard. Vous ne pouvez admettre de débuter un travail sans avoir toutes les infos nécessaires, et le temps requis devant vous. Plus vous attendez, plus vous vous dites : « il y a des chances que la demande disparaisse ou qu'elle évolue ». Si, par le plus grand des hasards, vous avez démarré tout de suite, vous aurez travaillé pour rien, inacceptable. Autant attendre le travail du temps. Vous vous encouragez quotidiennement à ne pas faire. Vous vous empressez de différer une date limite. Vous ne travaillez que sous haute tension.

Apprendre à ne pas remettre au lendemain ce que l'on peut faire le jour même

Le reconnaître est déjà un premier pas vers le changement. Analysez les raisons de vos tergiversations. Un problème posé est à moitié résolu.

Vous aimez la ponctualité chez les autres. Essayez de vous mettre à la place de celui ou celle qui vous attend et devinez ce que peuvent être ses pensées vous concernant.

- Il ne fait pas ce qu'il dit. C'est un beau parleur, c'est tout.
- On ne peut pas compter sur lui.
- Il dit qu'il fait beaucoup de choses, mais on ne voit jamais rien.
- Il nous met vraiment dans l'embarras avec son retard.
- Il nous fait perdre notre temps.
- C'est un manque total de respect envers nous.

Et pourtant vous n'êtes absolument pas comme ça, bien au contraire. Une fois que vous aurez compris ce que génère votre procrastination, vous pourrez faire le second pas vers la guérison.

- Faites-vous imposer des dates par une tierce personne en osant dire pourquoi.
- Imposez-vous des dates limites.
- Travaillez en binôme.
- Faites-vous aider d'un psychothérapeute ou d'une personne de confiance.
- Prenez du temps pour faire les choses sans intérêt et faites-les dans une atmosphère chaleureuse, dans le rire.
- Considérez qu'en faisant le jour même ou honorant des dates, vous vous respectez ainsi que votre entourage, vos collègues de travail dépendant de vous.

Adepte de la procrastination, surtout envers les tâches administratives, je me suis guérie à l'aide de mon premier incendie de maison. Une semaine avant ce drame, sans dégâts humains, je venais d'aller chercher mon diplôme de spécialiste à la scolarité de Bicêtre, qui hibernait depuis déjà six mois. Je devais le faire enregistrer à différentes instances dans Paris pour être dans la légalité. J'avais toujours un truc à faire avant 16 h, heure de fermeture. Demain, j'aurai plus de temps me disais-je. Je l'avais laissé traîner en bas, près de la porte, pour ne pas oublier d'aller l'enregistrer. Cet incendie m'a fait regretter à jamais mon attitude. Mon diplôme a été réduit en cendres en 30 secondes. Ceci a mis un point final à mon atermoiement. En effet, je suis bien ennuyée par l'absence de ce diplôme, bien plus que n'aurait été son enregistrement. Ah si j'y étais allée tout de suite !

Vous pouvez encore avoir une tendance à la procrastination dans les moments de surcharge. Lorsque vous dérogez un tant soit peu à ce dogme, ne pas remettre au lendemain ce qu'on peut faire le jour même, vous risquez de vous en mordre les doigts et de constater amèrement que votre report vous fait perdre encore plus de temps ou que vous n'avez plus les mêmes opportunités que vous aviez la veille.

Créativité libératrice

Vous pouvez vous adonner à différents arts que vous exposerez ou non, pour résoudre un conflit émotionnel, pour lutter contre la frustration. L'art de l'écriture, cœur de la voix, sous forme d'écrits répétitifs, de journal intime, de nouvelles, de poèmes, de pièce de théâtre, de roman, d'essai, de biographie.

L'art de l'image, du dessin en passant par la peinture, la photo, le cinéma. L'art combiné comme le théâtre, la danse. Cherchez votre art libérateur, votre art de vivre, votre art de vivre heureux.
N'oubliez pas non plus de vous préparer avant de dévoiler le fruit de votre créativité qui peut être mal reçu. Si vous n'êtes pas prêt, attendez avant de la faire jaillir. Je rappelle face à une innovation, l'existence de ces trois phases : emballement – rejet – acceptation. Les paradigmes sont longs à changer. Méfiez-vous aussi de Dame Jalousie qui pousse comme du chiendent, souvent sans que vous ne vous en aperceviez. Quand vous la croisez, c'est souvent trop à vos dépens. Une de ses facettes est le vol d'idée par les dénigreurs d'inventions pour les reprendre à leurs propres comptes.

Créativité, nourriture de la reconnaissance

Maintenant que vous savez que vous n'avez pas besoin de reconnaissance mais de trop de reconnaissance, foncez dans votre effervescence créatrice. Prenez des guides, des mentors. Enveloppez-vous de partenaires avec qui chacun pourra fleurir.

Libération

Tes fonds recèlent
Une richesse poignante ;
Tes rives révèlent
Des mains dansantes.

Sous l'ombre de ton art,
On boit ton insouciance,
Ta plénitude plus tard.
On savoure ton élégance.

Tu chantonnes une romance
En changeant de semence
Tu reprends tes élans.
Tu bouillonnes dans le vent.

Dansez maintenant

Dansez à la hauteur de vos pensées
Valsez à la vitesse de vos idees
Ensemble Espoir,
Ensemble, Victoire
Vos plus belles années de vie
Sont encore à venir.

Relations amoureuses : un trop grand besoin d'attention et d'amour

Je sais que tu existes. Je te cherche. Je t'imagine. Je t'invente. Je te trouve dans mes rêves chaque jour plus beau, plus belle. Si je suis amoureux ou amoureuse de toi, tu peux tout avoir. Mon temps, mon dévouement sans relâche, mon intimité, mon argent, mes parents, mon chien. Je porterai toute ta souffrance à ta place. J'assumerai toutes tes dettes. Je te protégerai envers et contre tout, surtout de toi-même, malgré toi, jusqu'à me mettre en péril. Je ne verrai que la lumière de tes richesses. Je t'offrirai le soleil et la pluie jusqu'à ce que je sois épuisé(e) lessivé(e), si diminué(e). Je suis authentique à en mourir.

Accroché(e) par un regard, un lendemain d'une rencontre inouïe même d'un soir, vous osez dire : j'ai ressenti hier soir une attirance mutuelle, cette flamme que chacun met en sourdine et flamboyante sous l'emprise de l'alcool. Si il ou elle vous éconduit, vous en avez pour des mois à l'oublier. Ce peut être un témoin lumineux de votre hyper hypersensibilité ou d'une dépendance affective qui vous donne aussi cette faculté de croire très facilement l'incroyable, et d'être manipulable. Vous êtes exposé à une dépendance affective, conséquence des agressions physiques, psychologiques favorisant la mésestime de soi. Les blessures ne sont pas cicatrisées car elles ne sont pas comprises. Je l'aime plus que tout, même si je n'ai jamais su le lui dire, lui expliquer. Je me suis donné la plus belle gifle de ma vie en m'éloignant, celle qui procure la sensation de ne plus savoir où on est. Par peur d'aimer ! Cette rupture peut être à l'origine de difficultés dans les relations amoureuses parfois. Vous ne commandez pas à votre cœur ce qui doit être ou non. Vous avez une tête qui donne des injonctions à votre cœur. Libre à vous de faire la grève de votre tête et rattraper vos erreurs sentimentales.

Vaincre la dépendance affective

Tant que vous n'aurez pas fait la paix avec vous-même, lâché prise, vous ne serez pas capable d'aimer qui que ce soit.

Qu'est-ce que cette dépendance affective ?

Souvent, vous n'êtes pas conscient de votre dépendance affective et affichez même un air de dégagement et de réussite. Vous pouvez avoir le sentiment d'être une bonne fée méconnue, épouse parfaite, mère idéale, amie modèle, sans que personne ne se rende compte de rien. Et la petite goutte faisant déborder le vase, vous êtes subitement à bout. Vous êtes de façon surprenante enragée. Vous explosez alors que vous ne vous plaigniez jamais de rien auparavant. Votre entourage ne comprend absolument rien. Votre vie vous échappe. Votre comportement paraît irrationnel. Vous avez souvent des réactions disproportionnées par rapport aux évènements qui les suscitent. Vos sentiments sont toujours excessifs. Face à un fait angoissant, la peur naturelle se traduit en panique, sans raison apparente. Une situation stressante ou agaçante se solde ordinairement par une bonne colère. Chez vous, cette même situation vous plongera dans les sphères du désarroi. Vous allez ruminer des heures, des jours, des nuits. Cela ressemble étrangement à vos yoyos HP.

Pourquoi cette dépendance affective ?

Vous, HP, êtes très exposé à cette dépendance affective car souvent vous avez subi dès l'enfance, l'adolescence, de multiples blessures infligées, quelles qu'elles soient. Cette violence subie au sens large est responsable d'une dépendance affective à l'âge adulte. Vous avez eu une enfance tourmentée. L'enfant est maniable et crédule. Il n'a pas la maturité pour faire preuve de rationalité, ce qui explique des connexions parfois mauvaises. Il reçoit des idées reçues sans justifications. Chaque fois qu'une personne, un parent ou autre, agresse un enfant, l'enfant adopte ces émotions qui ne sont pas les siennes. Ça le submerge d'autant plus que l'individu ignore sa propre réalité émotionnelle ou refuse d'assumer sa responsabilité. Il s'agit d'un transfert émotionnel que l'enfant ne peut juguler parce qu'il n'a pas le système de protection. Ses frontières n'ont pas encore atteint leur plein développement. Il ne sait opposer de résistance, ce qui fait sa grande fragilité. Et c'est souvent la honte qui est transmise parce que le parent ou autre l'a ressenti quand il a agressé l'enfant. Pourtant, les parents ne désirent que faire le bonheur de leurs enfants, et déplorent de ne pas toujours y parvenir. L'aide d'un thérapeute peut être utile pour recadrer l'éducation de certains enfants déroutants, invivables, comme peuvent l'être parfois les enfants HP.

Dépendant, vous rencontrez des difficultés à résoudre vos problèmes, à assumer vos besoins et vos désirs à l'âge adulte. Difficultés à exprimer vos émotions sans intellectualiser. Cela peut provoquer de graves angoisses, ou un déséquilibre psychologique. Seule une personne en paix avec elle-même est en mesure d'établir des relations profondes et durables avec les autres et prétendre à l'amour. Identifier le mal est une étape fondamentale vers la guérison. Reconstruire son histoire personnelle est essentielle, également pour percevoir les conséquences dans sa vie.

Comment faire face à cette dépendance ?

La démasquer est un début d'affranchissement. Il existe des symptômes caractéristiques. Vous n'êtes pas capable de vous prendre en charge physiquement et psychologiquement. Vous demandez sans cesse l'avis de votre sœur, de vos parents, de votre conjoint, de votre amie. Vous ne pouvez prendre une décision sans l'avis d'un autre. La dépendance joue sur deux niveaux : rapport à soi et rapport à autrui.

Vous avez des difficultés à vous estimer à votre juste valeur, de la peine à vous protéger contre les agressions physiques ou verbales. Vous avez du mal à établir des frontières efficaces pour éviter de vous faire envahir, et que votre espace vital ne soit envahi. De ce fait, vous n'arrivez pas à respecter l'espace vital des autres. Les bornes imaginaires servent à préserver votre espace de l'intrusion d'autrui. Vous n'êtes pas toujours capable de mettre votre bulle de protection. L'espace vital se situe normalement entre 50 cm et 1 m. Il est donc important d'apprendre à vous envelopper car, sans frontière, vous ne vous rendez pas compte des agressions que vous subissez ou que vous commettez par cette absence de bornes justement. Vous vous laissez agresser physiquement, sexuellement, plus facilement. Revêtez au plus vite votre bulle d'espace vital.

Petit truc

Lorsqu'on franchit votre espace vital, dites : Je ne veux pas que l'on me touche, tu ne t'es pas rendu compte de ce que je pouvais ressentir lorsque tu t'approchais trop de moi.

Bien se connaître, encore une fois

Connaître vos qualités et vos défauts, mesurer avec justesse vos limites, est un autre pas vers l'indépendance. Patience et longueur de temps, il vous faudra. Vous avez tendance à vivre sous le regard des autres avec votre décapotable. Dirigez-vous vers votre jardin intérieur.

Relations de couples

C'est normal de vivre des orages en couple. Le contraire serait anormal. Ils sont souvent plus marqués et peuvent être plus dévastateurs chez vous, les roi et reine de la démesure. Essayez de vous en souvenir avant de tout casser ! Evitez également de prendre des décisions sans retour dans vos périodes de déprime ou de crise existentielle. Partez soit vous détendre en thalasso, soit libérer votre trop plein d'énergie sur les pentes enneigées du Mont-Blanc, par exemple. Cela vous permettra de vous apaiser et de voir votre relation de couple sous un nouveau jour, un angle meilleur, réfléchi à l'abri des éruptions perdues. Il est vrai que vous pouvez revenir de votre retraite en vous disant : mieux vaut être seul que mal accompagné ! Les tempêtes peuvent exister au début d'une relation ou en cours de route.

Difficulté au début d'une relation

Dès que vous croisez une personne sur votre chemin, très vite vous avez une idée d'elle, surtout quand elle est négative.

Clairvoyance étourdissante. Cette lucidité ne laisse aucun répit. Elle pénètre au plus profond de l'autre. Elle dissèque la plus intime particule d'émotion ambiante. Vous savez avant la fin d'un repas. Les jeux sont faits après avoir reçu un mail ou lu deux SMS, après avoir attendu plus de cinq minutes la réponse à l'un de vos SMS ou mails. Ceci vous conduit souvent à des prises de décision trop rapides que vous pouvez regretter ultérieurement. Essayez de ne pas quitter la table avant la fin du repas, de penser en donnant toujours une seconde chance à ladite personne, même si vous avez touché les épines au début de la relation. Une autre façon de travailler votre patience. Donnez-vous un peu de temps pour vérifier vos premières impressions. Vous prendrez alors votre décision tranquillement, sans regrets.

Vous êtes en décalage. Vous n'êtes pas dans le bon tempo. En avant ou en retrait, en avance ou en retard. Parfois cette avance vous encombre car vous êtes seul sans avoir personne avec qui la partager. Lorsque vous êtes en arrêt ou en retrait, vous développez des blocages. Vous perdez vos perceptions de l'environnement pour mettre en exergue un minuscule détail sur lequel vous fixez votre attention. Lorsqu'il est négatif, cela peut amener à un blocage. Prenez conscience de vos blocages avant de prendre une direction sans retour.

Complexité à trouver l'âme sœur

C'est le souhait de tout le monde. La solitude est souvent un choix par défaut ou la conséquence de blessures. Comme vous êtes trop en tout, c'est trop dur de trouver l'âme sœur.

Vous êtes englué par vos trop : trop peur, trop insatisfait, trop impatient, trop besoin d'amour, trop envie de...

La peur. La peur est une émotion qui peut s'avérer nécessaire dans certaines situations, peur du danger qui mobilise et qui permet de rassembler les ressources afin de l'éviter. Dans d'autres situations, la peur génère une véritable angoisse qui peut aller jusqu'à la paralysie. Vous avez peur de ne pas plaire, peur de vous engager, peur de vous ennuyer. Vous avez peur de vos pensées au bord du gouffre, de vos émotions qui vous envahissent de façon incontrôlable. Vous avez peur des autres dont vous vous sentez tellement différents et aussi semblables. Vous avez peur de ne pas maîtriser votre vie. Vous avez peur d'échouer ce qui aboutit à un perfectionnisme invalidant.

L'insatisfaction chronique. Elle vous terrorise. Vous avez un besoin de changer souvent d'activités, de métier, de passer d'une profession à une autre sans jamais être satisfait, sans trouver votre place également. Souvent, vous cherchez ce que vous n'avez pas et ne voyez pas ce que vous avez. Vous cherchez ce que vous fuyez. L'ennui est un compagnon de vie récurrent pour lequel vous luttez depuis votre plus tendre enfance. Il peut vous pousser dans de mauvaises directions et attiser vos difficultés dans les relations intimes. Vous craignez l'ennui existentiel, l'ennui au quotidien qui attaque votre sentiment de vivre. Il faut une énergie sans cesse en mouvement pour vous relancer en permanence dans une vie qui ressemble à un terrain vague. Il vous faut vous créer sans cesse des stimulations pour ne pas vous immobiliser en cours de route.

Le remède à l'ennui est l'hyperactivité, face cachée et très mal vécue par certains partenaires qui la considèrent comme un désintérêt. Vous faites mille chose à la fois, de préférence vite sans prendre le temps d'un regard, d'une attention envers votre compagne, compagnon. Vous ne vous arrêtez jamais. Vous semblez inépuisables et impénétrables. Et ce feu d'artifice brûle les flammes de l'amour. Attention, devant un obstacle émotionnel, cette hyperactivité peut vous épuiser et vous entraîner vers un temps mort exposant à un ennui incontournable. Si vous avez compris ceci, vous êtes sauvés et saurez vous prémunir en cas d'arrêt forcé.

L'impatience difficile à masquer. Elle est très vite considérée comme un défaut qui peut parfois mener à l'erreur. Cependant, cette impatience peut vous permettre aussi de ne pas rater quelque chose de la vie en refusant d'attendre pour rien et en laissant d'autres occasions passer. L'impatience est différente de la précipitation. Elle est difficile à vivre avec son cortège de sensations physiques et psychiques, avec toutes les critiques de l'entourage, les attaques qu'elle suscite. C'est une arme à double tranchant. Après quelques cours d'escrime, vous saurez la manier avec justesse et grâce.

Besoin vital d'avoir une relation stable avec stimulation amoureuse. Vous recherchez une relation indéfectible, solide, même si vous restez très instables sur le plan sentimental avec un besoin quasi inné d'excitation amoureuse constante, totalement dépendante de cette décharge dans tous les sens qui rend la vie si belle et si flamboyante. C'est en effet un puissant exutoire à l'ennui. Votre vie amoureuse est marquée par la peur de l'ennui. Même à bas bruit, elle est là. Le savoir permet d'être mieux armé pour faire face et composer sa vie.

L'envie de et l'éponge. Parfois, une forte envie fait que vous ne pouvez vous empêcher d'apporter votre éclairage, votre soutien, votre compréhension sans qu'on vous y invite, aussi irritant et source de conflit. Vous voulez aider car vous pensez savoir quoi faire, comment faire. Paradoxalement, vous devenez aussi celui auquel on se confie car vous semblez tellement comprendre au plus profond de l'autre. Cette capacité à intégrer l'analyse du problème rend votre avis précieux, vos conseils recherchés. Confident, vous abordez toutes les émotions de l'autre. Vous les absorbez alors comme une éponge à en souffrir vous-même au plus profond de votre chair jusqu'à vous éloigner de votre famille. Les émotions de l'autre deviennent les vôtres. Votre bulle vitale est percée.

Vous pouvez aussi prendre une attitude opposée, vous éloigner contre toute attente pour ne pas être envahis par tant d'émotions, ce qui surprendra aussi votre entourage. Non que vous vous désintéressez. Bien au contraire, vous vous sentez trop concernés. Vous pouvez donner une image de détachement des autres, du monde, sans affect. Vous gonflez un ballon opaque impénétrable pour ne plus recevoir de charges émotionnelles et apparaissez aux yeux des autres comme une personne distante, froide, sans sentiment pour autrui. Prisonnier de vous-même, vous êtes doublement mal traités, d'une part par l'énergie que vous déployez pour vous tenir à distance et par l'image que vous donnez si loin de ce que vous êtes. A l'origine de votre mal-être relationnel.

Petit truc

Renforcez votre système de protection pour rester en équilibre sans trop vous éloigner de vos émotions.

Un couple durable

Les couples durables sont souvent ceux qui se font entre HP reconnus et respectés. Ils vous diront aussi qu'ils ont traversé des ouragans. Ils vous étonneront par leur amour résistant aux multiples intempéries existentielles. Un couple épanoui jongle avec trois balles. La première, la relation avec son ou sa partenaire, la deuxième avec son jardin secret et la troisième les arcanes de l'autre. Si vous respectez cette règle des trois, vous serez heureux en couple et vous ne souffrirez plus de la vie de l'autre sans vous.

La rupture sentimentale aussi délabrante qu'un décès

Vous êtes submergés par la peine. Vous pensez être incapables de redevenir amoureux ou amoureuses. Vous avez avant tout immensément mal. Bien au-delà, souvent, de votre amour déchu. Vous perdez beaucoup plus qu'une âme sœur.

La relation amoureuse vous donnait, justement, l'illusion d'être complet : en pensant combler les manques de votre moitié, vous avez trouvé un sens à votre existence ; en étant aimé en retour, vous croyez vos manques comblés. Mais tout cela n'est qu'illusion.

Un sentiment de vide extrême

Quand le voile se déchire, vous réalisez que vous êtes existentiellement incomplet. Le vide de l'appartement résonne avec celui que vous portez en vous. Un moment de vertige surtout lorsque vous avez besoin de l'autre pour soutenir une image idéale, forte et positive de vous. L'enjeu narcissique est alors si important que vous trouvez la réponse dans la dépréciation, jusqu'à la dépression.

Une angoisse d'abandon intense

Les ruptures peuvent vous pousser dans des conduites addictives. Attention à votre déchéance émotionnelle qui vous coupe de votre cerveau intelligent et vous pousse dans des distorsions de raisonnement. Ne prenez pas de décisions hâtives.

Rebondir après un chagrin d'amour

Vous êtes perdu dans un monde en ruine, ravagé. Il est bien difficile d'envisager les bénéfices secondaires du chagrin d'amour qui vous emporte. Et pourtant... ne serait-ce pas aussi l'occasion d'une renaissance ?

Lorsqu'une séparation s'impose à vous, vous en vivez les différentes étapes de façon exacerbée. Vous vous laissez aller à exprimer votre tristesse ou votre colère. Puis vient le temps de la reconstruction et de la renaissance. C'est une étape qui se fait petit pas à petit pas. Vous prenez souvent du recul par rapport à l'événement, cherchant à comprendre ce qui l'a provoqué. Vous le resituez dans votre parcours pour lui donner un sens. Vous refusez de ne considérer que l'aspect négatif de la situation, pour faire de l'épreuve un atout pour l'avenir. Après un long apprentissage sur vous-même, à l'écoute de vous-même et de votre bien-être, et après avoir abandonné votre veste de dépendance, vous êtes capables de reconnaître lorsqu'une situation entrave votre épanouissement personnel. Vous pouvez alors trouver le courage d'y mettre un terme, acceptant la difficulté de rompre et la part d'inconnu que cela génère. Vos alliés dans ces épreuves sont votre capacité à exprimer vos émotions. Vous avez un immense besoin d'exprimer ce que vous ressentez, ce que vous vivez. Vous n'hésitez plus à demander de l'aide si besoin est. Vous gardez un œil sur le futur, afin de vous maintenir dans une démarche évolutive. Grâce à tout cela, vous êtes à même de pouvoir bénéficier des fruits de ces étapes éprouvantes et essentielles de la vie. Continuez ainsi, sans consacrer trop d'énergie à analyser le pourquoi du comment.

Témoignages

Ophélia

Au début, elle n'en revient pas d'être aussi amoureuse. Chaque jour apporte sa cargaison de miracles. La vie est une succession de matins ensoleillés, même les matins pluvieux. Elle est fière de la complicité qui s'établit dans son couple. Elle comprend l'autre à demi-mot. Le bonheur existe. Il est simple, c'est un visage. Après une succession de nombreux dimanches, à la faveur d'une crise existentielle, Ophélia se rend compte qu'elle n'est pas heureuse. Elle n'a pas d'enfant accaparant. Elle essaie de se persuader que chaque jour solidifie son amour dans l'espoir d'obtenir une grossesse souhaitée. Le mot fin fait irruption un samedi. Le week-end se transforme en grandes eaux. L'ange est passé. Quarante ans est trop vieux pour être jeune, trop jeune pour être vieux. Entre deux âges, bâtard. Pour elle, son couple s'écroule comme un immeuble dynamité. Elle accepte l'idée de rupture puis se dirige vers une rupture. Son partenaire est effondré. Il tente de relever le défi de regagner l'amour d'Ophélia. Les contes de fées n'existent que dans les contes de fées. La réalité est bien plus décevante, sauf si on sort des sentiers battus. Ce qu'a fait Ophélia sans aucune intention. Ayant accepté cette rupture, elle fait l'apprentissage de la sincérité, de ses envies et de ses émotions. De sa féminité. Contre toute attente, elle fait la connaissance d'un artiste. Il arrive parfois que les évènements extérieurs jouent un concerto pour permettre d'accomplir une mission. Sans se poser de questions, elle vit à fond cette nouvelle relation et se surprend à répondre à la volonté de reconquête de son partenaire. A l'aube naissante d'un matin enneigé, elle comprend. Elle a besoin pour être heureuse d'un TOUT affectif. Son partenaire et son artiste satisfont ce TOUT. Comment n'a-t-elle pu le dessiller ? Elle conserve ce secret sans culpabilité ce qui fait qu'elle en rend heureuse deux, sa mission.

Vous êtes nombreux à vouloir vivre un TOUT, à vouloir le trouver dans une seule personne et à l'attendre indéfiniment, trop souvent seul(e) après de multiples rencontres. Pensez, lorsque vous êtes dans une impasse, à sortir du cadre comme vous savez si bien le faire dans bien des domaines.

Vanessa

Vanessa a mis sept ans pour divorcer. Elle vit avec ses deux filles, seule pendant cinq ans. Elle rencontre des hommes auxquels elle s'attache immédiatement, toujours poursuivie par sa dépendance affective et sa haute mésestime de soi qui sont à l'origine des moments d'irrespect encore vécus lors de ses rencontres. Elle fait une dépression après sa dernière rupture et la lecture du rapport du juge des affaires familiales qui, depuis le début du divorce, est contre elle. Elle se décide enfin à faire une psychothérapie soutenue, qui l'aide dans l'éducation de ses deux filles à la dérive, ballotées de droite à gauche. Après six mois de thérapie, Vanessa rencontre l'âme sœur et ses filles vont mieux. La patience est le secret du bonheur.

Passées les larmes et la douleur, cette épreuve dans laquelle vous croyez mourir vous aide aussi à grandir. Elle vous éclaire sur vos capacités de résistance face à la séparation comme sur votre aptitude à trouver, peu à peu, votre autonomie. Vous aussi allez croiser une nouvelle âme sœur et connaître une densité d'émotion et de sentiments nouveaux. Quelque chose qui coupe le souffle, qui donne des frissons, qui fait rire. Un parfum suave et avenant. Une force mystérieuse, l'Amour.

Apprendre la patience

Vous voulez TOUT tout de suite et même pour hier ! Vous êtes nés impatients.

Prenez conscience de votre impatience

J'ai voulu consacrer un chapitre à cette impatience, source de malentendus, de quiproquos en veux-tu en voilà, car elle est omniprésente chez vous tous. Cette impatience innée est le nerf de la guerre, l'artère des erreurs d'interprétation, la veine de vos entailles. Pour guérir de votre impatience, il est impératif de comprendre cette impatience et d'apprendre la patience, non innée chez vous.
Le temps est une idée toute relative et élastique. Pour vous, une semaine représente au minimum un mois pour les adultes non HP. Ceci est à l'origine de beaucoup d'hostilité. Essayez de considérer ce théorème, il vous aidera à patienter. Vous vous adapterez mieux.

1 jour HP = 1 mois non HP
Une exception au théorème lorsque vous vous ennuyez.
E = ennui
1 jour E non HP = 1 mois E HP

Développez la patience

Chez votre enfant

Adultes, apprenez très tôt la patience à vos enfants HP. Ne cédez pas tout de suite à leurs injonctions. Résistez à la tentation de leur donner tout tout de suite. Prenez le temps de mûrir un projet, de prévoir une sortie au cinéma, de préparer un voyage à l'étranger. Réveillez ici votre créativité pour y parvenir. Bien sûr, vous continuerez à répondre aux urgences de vos enfants tellement séducteurs.

Chez vous

Lorsque vous avez une envie de changement dans quelque domaine que ce soit, une nouvelle idée à faire partager à votre équipe, votre collègue, votre ami(e), prenez le temps de la réflexion une nuit au moins. Cela vous permettra de valider la pertinence de vos idées nouvelles ou de vos changements.
Lorsque vous êtes dans une période de bouillonnement d'idées à en perdre le fil, prévenez votre interlocuteur de votre état. Dites-lui que les idées fusent ou que vous êtes en éruption émotionnelle et qu'il risque de ne pas tout comprendre.

Précisez-lui qu'il n'hésite pas à vous interrompre pour vous demander des éclaircissements. Pendant que vous exposez votre tableau émotionnel, vos idées vont tranquillement s'ordonner par magie, ou votre Volcan va laisser une lave refroidie derrière lui.

Lorsque vous recevez une remarque désobligeante injuste, vos ailes acerbes ont une envie forte de se déployer dans la seconde qui suit. Si vous répondez immédiatement avec les mots appropriés, vous serez considéré à tort comme un impulsif, par l'autre partie qui ne comprendra pas votre réplique ultra rapide et ne la prendra pas en considération. Elle ira même jusqu'à la rejeter, ce qui vous énervera encore plus. Vous pouvez rester dans le silence qui laisse à chacun le temps d'évoluer dans de meilleures dispositions. Alors vous entendrez la voix de la sagesse. Cela vous évitera bien des déconvenues inutiles et des dépenses d'énergie gaspillée. Attendez pour dire les choses. Repérez le bon moment pour les annoncer sans succomber à votre envie pressante de faire savoir immédiatement.

Petit truc

Répondez au plus tôt le lendemain à une critique négative. Votre interlocuteur aura le temps de comprendre votre position, votre ressenti qu'il considérera comme recevable.

Isolez-vous dans le silence

Vous ne pouvez pas appartenir à un monde sans âme ni conscience, à un monde mort et agonisant. Il y a bien une raison à cette différence de perception du temps. Dans le silence, vous découvrirez un sens, vous trouverez l'âme du monde. Vous aurez une sensation d'intimité sereine avec vous-même, une impression de calme minéral.

Patience pour retrouver l'estime de soi

Il est essentiel de vous dépister HP. Vous-même ne vous percevez pas comme tel, seulement singulier. Vous avez conscience que vous avez un mode de fonctionnement différent mais vous l'attribuez à un trait de caractère et à une originalité plutôt marginale. Vous cherchez votre identité, vous avez un immense besoin de comprendre qui vous êtes, comment vous fonctionnez, pourquoi on vous aime, et on vous rejette, quels sont vos forces, vos atouts et vos vraies limites.

J'insiste encore auprès de vous pour vous dire ce que vous ignorez et vous crier que vous êtes souvent en mode sous-estime car vous avez subi beaucoup de préjudices moraux. Vous êtes fragiles parce que vous avez une forme de pensée, un mode de raisonnement excentriques, une façon insolite de percevoir, de comprendre et d'analyser le monde. J'ai l'intime conviction qu'il faut que vous mettiez à la poubelle votre mésestime, surtout quand les autres vous considèrent extraordinaires. Cela peut prendre beaucoup de temps. Le temps d'abandonner votre personnalité d'emprunt. Protégez-vous pour mûrir, défendez-vous pour vivre. Mettez de la distance émotionnelle. Soyez aussi vigilants à ne pas mettre trop d'espacement entraînant parfois une anesthésie affective à démasquer car elles sont souvent inadaptées aux situations. Maniez l'humour comme une épée, avec modération, car à force de tout tourner en dérision, vous serez touchés par votre propre épée.

Apprendre la patience, c'est déjà être conscient de son impatience. Développer la patience, c'est essayer de retenir sa pensée simplement de quelques secondes. Ceci a pour conséquence immédiate de ne plus couper la parole. Lorsque vous aurez acquis une dextérité en patience, vous serez alors capable d'adoucir vos critiques éruptives qui seront plus écoutées et de structurer vos pensées fusantes au plus grand bonheur de beaucoup.

Dégustez la saveur de l'attente.
La patience est le secret du bonheur.

4e partie

Savoir qu'on est HP, ça change tout : témoignages

Découverte de son haut potentiel à l'âge adulte

La découverte de votre HP dans l'enfance, à l'adolescence à l'âge adulte, 30, 40 ans ou après est libérateur, une sorte de reconnaissance. Elle permet de comprendre votre comportement antérieur, de lever un tabou. Elle contribue à redorer votre blason, une étape clé dans le processus d'épanouissement.

Ludovic, 28 ans, dépisté dans l'enfance

J'ai fait mes premiers pas à 8 mois. Mes parents détectent très vite une vivacité d'esprit et surtout une curiosité pour tout. Je commence le piano à 5 ans, puis le violoncelle à 7 ans. L'entrée en maternelle classique se passe très mal du fait d'un manque de propositions intéressantes du corps enseignant et d'un encadrement strict. Mes parents me retirent de cette école au bout de trois mois pour aller dans une crèche parentale au milieu de la nature dans un château bouddhiste.

Je rentre au CP dans une classe unique en campagne avec un instituteur à la méthode Freinet, les plus beaux souvenirs de ma scolarité. Ma curiosité et ma soif de savoir sont assouvies et il n'y a pas de limites à l'apprentissage avec une grande liberté. Ce n'est pas le résultat qui est encouragé mais le travail effectué. Il ne donne pas de note. Je le fréquente encore. Suite à un déménagement, je commence mon CE1 à Toulouse. Les débuts sont difficiles, beaucoup moins de libertés et plus d'encadrement. Le premier jour, je me lève pour aller aux toilettes quand l'instituteur me reprend pour me dire qu'il faut demander la permission... un choc ! Cependant, l'instituteur est une bonne personne et étant dans un classe double CE1-CE2, je passe rapidement en CE2 et devient un des meilleurs de la classe. En CM1, avec un an d'avance, je me retrouve dans une classe musique avec plein d'autres élèves qui se connaissent d'avant et avec un instituteur fou. Il nous frappe, nous humilie et déteste ma différence et ma curiosité... De plus avec son aide, je suis rejeté par tous les autres élèves. C'est l'année où je prends du poids. Après cette année difficile, mes parents me remettent dans l'ancienne classe en CM2 où je me retrouve avec mes anciens camarades et le prof de CE1-CE2. Une bonne année où je me reconstruis.
En 6ème, je rentre en horaires aménagés au Conservatoire de Musique avec... les anciens élèves de ma terrible année de CM1. La 6ème et la 5ème se passent avec des bons résultats sauf dans les choses formelles comme l'orthographe ou la présentation, là où il faut de la rigueur. Quand je rentre à la maison, je dis à mes parents que cela n'a pas de sens ce que j'apprends à l'école. Tout ça pour quoi faire ? En 4ème, cela devient plus difficile, et tout en restant correct, mes résultats baissent, en effet jusque-là je n'avais jamais révisé à la maison, car je n'en avais pas besoin pour réussir, mais en quatrième cela ne suffit pas.
Arrivé au lycée, je passe d'une classe de quinze à un groupe de trente. C'est plus facile d'être différent. Chacun est dans une recherche personnelle. J'obtiens 9,98/20 au Bac S car mon père

décède le jour de la rentrée et je suis très peu présent en cours l'année de ma terminale.
En dehors de la scolarité, mes parents m'encouragent tôt dans mon indépendance. Dès 7 ans, je rentre seul à la maison en métro et à 12 ans je pars cinq jours chez des amis à Paris en préparant tout seul mon voyage jusqu'à réserver mes activités sur le minitel. En plus du violoncelle, j'ai commencé le théâtre à 14 ans. Depuis mon plus jeune âge, mes parents me font partager tout, parfois un peu trop tôt, comme voir le film Epouses et Concubines à 7 ans. Ils m'emmènent au théâtre, aux concerts, en réunions politiques.
Je décide de monter à Paris faire du théâtre à 17 ans. Après sept années de théâtre et ne réussissant pas comme je le souhaite, je me dirige vers l'audiovisuel et reprends des études de montage vidéo grâce aux équivalences. Je suis maintenant monteur image et je commence à réaliser des documentaires.

Fréderic, 40 ans

Je suis né au Tchad en 1964, il y a 48 ans, d'un père militaire. Mes premiers souvenirs datent de l'Allemagne où j'ai effectué mes années de maternelle. Ensuite, Paris puis Toulouse pour l'école primaire. Trois années de bons souvenirs : stabilité, premiers copains, club de rugby, cabanes dans les bois... Assez bizarrement, je n'ai que très peu de souvenirs de ma scolarité de primaire et si je n'avais pas gagné le prix du meilleur élève en CM1, un livret de Caisse d'Epargne avec 20 francs, j'aurais pensé aujourd'hui que j'étais un élève moyen. C'est aussi le moment, à l'âge de 9 ans, où je commence à comprendre que je suis « intelligent ». Avec une année d'avance, je réussis le concours d'entrée au Prytanée militaire de La Flèche pour entrer en 6°où je suis content d'être interne. Mon ambition est de devenir président de la République, le vœu de mes parents

s'envole à cause de résultats scolaires moyens, parfois un peu en dessous. Personne ne me parle plus d'intelligence, je redouble ma Seconde en arrivant en Martinique, effectue laborieusement ma Première et ma Terminale à Limoges où je rate le bac. L'ennui caractérise ma scolarité, j'écoute en cours mais je ne travaille jamais en dehors. Rien ne me plaît vraiment. A 18 ans, mes parents divorcent. Je les quitte pour donner des cours de planche à voile en Corrèze, puis je m'installe à Bordeaux avec Anna. Petits boulots, usine, porte à porte, animateur de colo pendant un an, service militaire. Après le service, je commence à faire une série de tests pour intégrer une école de technicien en informatique. Là encore excellents résultats. Je commence le stage d'un an à Chantilly pendant lequel je suis un élève un peu au-dessus de la moyenne. Il n'y a là aucune vocation, seulement la réponse à une demande parentale.
Un jour j'ai dû voir ou lire quelque chose sur les enfants précoces mais on les présentait comme des surdoués qui avaient appris à lire dans les rayons du supermarché ou qui jouaient du violon à 5 ans. Je ne m'y retrouvais pas du tout. A 22 ans, je suis seul avec un diplôme peu valorisé et un avenir incertain. Quitte à être pauvre, je m'installe au soleil de Perpignan pour satisfaire mon goût de la planche à voile. Pendant une année de dérive, je fais la connaissance d'un prof indépendant « surdoué » de la programmation. Je crée une société de formation en informatique pour exploiter ses talents et découvre du plaisir à être gestionnaire. L'indépendance, les responsabilités et la vision globale de mon projet me portent. Malheureusement le manque de clients m'oblige à fermer un an plus tard. A 25 ans je deviens salarié d'une entreprise de documentation technique aéronautique à Toulouse. Je suis responsable du parc informatique et pense avoir trouvé la stabilité que je recherchais depuis sept ans. J'éprouve un certain plaisir aux responsabilités et à la gratification des collègues en dépannant leurs machines toute la journée.

Mais au bout d'un an de travail salarié, je ressens comme un grand vide dans mon activité informatique. Finalement six mois plus tard, je refuse un CDI. Aucune recherche d'adrénaline dans ce comportement, seulement répondre à l'urgence de la nouveauté, de la stimulation. Je n'avais pas de famille, pas de responsabilités, pas de contraintes, alors pourquoi pas ? Je prends une année sabbatique à parcourir le globe : voyages, rencontres, discussions et installation en Amérique du Nord pour commencer ma première récolte d'herbe. Mon chemin croise si souvent le cannabis que je ne résiste pas. J'ai été aidé par une équipe en qui j'avais entièrement confiance et qui m'a tout appris. Récoltes, voyages, rencontres, découvertes, aventures, une stimulation permanente, la plus riche période de ma vie, d'une densité incomparable. Retour à Toulouse en 2000 où je monte deux grosses et belles exploitations. 11 septembre 2001, pendant que les tours jumelles s'écroulent, je suis arrêté à la frontière à mon retour de Suisse où j'étais allé chercher quelques centaines de boutures d'herbe. L'arrestation se passe mal, violence, fouille au corps, vexations avant qu'ils ne s'aperçoivent que j'avais déjà été en contact avec leur service par l'intermédiaire de mon dealer huit ans auparavant. Ma conviction est faite, l'administration a complètement perdu les pédales et le contrôle du trafic de drogue. Mais mon but est atteint, je voulais qu'ils sachent, maintenant ils savent. Mon choix est fait, je continuerai les récoltes jusqu'à « tomber ». C'est arrivé en juin 2005. Bêtement. Comme d'hab. Pas de surprise quand je suis condamné à quatre ans ferme. Comme l'administration s'en est tenu à la procédure, garde à vue-juge-prison, elle a envoyé un flic dans ma cellule pour essayer de savoir ce que j'avais dans la tête. L'hypersensible que je suis l'a vite repéré et je ne me suis pas privé de lui dire ce qui m'arrangeait. En 2007, il m'a fallu trouver un CDI pour sortir un peu en avance. Là, je suis resté quatre ans salarié à développer des écrans multimédias pour l'industrie aéronautique et militaire. Depuis ma sortie de prison, j'ai beaucoup de mal à retrouver une vie normale. Depuis un an, j'ai pris le temps de faire un gros retour sur moi-même pour faire le point. D'où ma recherche et la conclusion qu'une vie plus heureuse passe par la compréhension de mon hypersensibilité, de ses conséquences sur mes relations et mes attitudes parfois excessives.

J'en étais arrivé là quand je suis tombé sur votre vidéo qui fut un choc dès le début quand j'ai entendu parler de résilience. Je me suis senti tellement concerné que je n'ai pas ressenti très fortement le besoin de faire des tests pour confirmer le diagnostic mais j'ai pensé de suite comme « si j'étais ». Vous m'avez convaincu de passer les tests, et un doute s'est dissipé. Mon premier réflexe a été de passer ma vie en revue après vous avoir écrit mon premier mail. Des regrets ? Un seul : celui de n'avoir pas fait l'effort de rester au Canada quand tout allait bien. Si j'avais été au courant de mon caractère à ce moment-là, j'aurais mieux accepté cet effort. Cette nouvelle vision m'a permis de me déculpabiliser sur un certain nombre de comportement, de comprendre que ma recherche correspondait à une urgence de ne plus m'ennuyer, même pour répondre au conformisme ambiant. Quand l'occasion le permet, je parle de mon hypersensibilité. Cela permet de justifier un comportement un peu décalé, de rassurer certaines personnes et de me calmer quand je connais quelques débordements. J'évite de répondre positivement à des invitations si je soupçonne m'y ennuyer. Cela me donne un rapport plus clair aux autres. Mais la grande découverte que je n'avais jamais soupçonné, c'est de regarder ses échecs, de ne pas se satisfaire de ses réussites. A partir de là, tout redevient possible. Ma confiance se renforce.*

---

*Vidéo : www.congres-virtuels.com

Flora, 38 ans

J'ai commencé avec une enfance heureuse au milieu des roses, des pins, des cigales et du soleil. Quand mon frère est né, je me suis sentie un peu exclue. Maman me plaçait dans un petit parc en plastique rond bordé par un filet quand elle s'occupait de mon frère. J'arrivais à démailler le filet en tirant sur les fils et en les mâchant. J'ai veillé sur lui comme une deuxième maman, ainée de quatorze mois.

J'ai encore à l'esprit l'image de cette salle dans le chalet, ce sol de planches où toute seule, j'ai fait mes premiers pas. J'ai dû au départ m'accrocher au mur pour tenir et tout à coup, de la même façon que l'on s'élance sur un vélo pour la première fois, je me suis lancée dans la pièce. J'en faisais tout le tour en courant sans plus me tenir. Je me rappelle cette sensation, la joie que j'ai ressentie. Il n'y avait personne et j'avais appris à marcher seule avant un an. Puis maman m'a appris à lire, c'était facile, logique, une consonne plus une voyelle et un son. J'ai commencé par les livres Oui Oui puis les Pagnol. Il parlait des collines, de ce que j'aimais. J'avais quatre ans. J'ai vu que maman avait perché dans l'armoire L'Arrache-cœur de Boris Vian, car elle ne voulait pas que je tombe dessus. Je suis montée sur une chaise, je l'ai attrapé, je l'ai lu. Je n'ai pas tout compris. Je faisais des parallèles avec les animaux que je voyais. Je n'ai jamais voulu relire ce livre pour garder intactes les images de ce « livre de grand » que j'avais lu à quatre ans. Ensuite, j'ai dévoré tout ce que je trouvais, série bleue, série verte, tout y passait.

Je suis rentrée directement au CP. Je détestais faire des lignes de bâtons, je trouvais ça stupide mais je ne savais pas écrire. Par contre je savais parfaitement lire et je m'ennuyais. J'attendais les autres. Quand le maître montrait la phrase avec sa baguette, je ne pouvais m'empêcher de répondre. Quand on disait de bonnes réponses on avait un bon point, quand on avait dix bons points on avait une image et quand on avait dix images on était roi ou reine, on avait une couronne toute la journée et on pouvait choisir son roi. Et il y avait un petit garçon bien gentil à qui je donnais toujours la couronne. Par contre, une petite fille, je me rappelle encore de son nom, S... avait repéré que je connaissais toutes les réponses. Même en mathématiques, j'étais incollable. Au début, elle m'avait demandé les réponses pour être la reine et je les lui avais données pour lui faire plaisir. Elle la voulait tout le temps. Je n'ai pas trouvé ça juste et j'ai refusé de lui donner d'autres réponses. Alors elle a commencé à me pincer « en douce » pour les avoir, à être mauvaise, se moquer de moi. Un jour, elle me faisait un sourire alors j'étais toute heureuse, je me disais ça y est, elle a décidé de faire la paix, je vais lui pardonner. Quand je passais par derrière, elle me faisait un croc en jambe...

A l'école j'étais effacée, timide, je n'avais pas d'amis, sauf un petit garçon dont j'étais amoureuse en cachette. Quand la récréation sonnait, j'allais me réfugier dans un angle de la cour. J'observais les autres qui criaient et couraient en tous sens. J'avais très peur des ballons. Un jour, j'en avais reçu un sur la tête, je n'aurais jamais osé l'attraper. La seule chose que j'aimais, c'était quand le maître passait derrière le tableau noir et nous faisait un spectacle de marionnette pour nous récompenser. Je crois que je n'aimais l'école que pour ça et aussi pour les petits pots que l'on devait peindre pour la fête des mères ou les belles frises colorées que l'on avait le droit de dessiner dans le cahier quand on avait terminé, enfin pour ce goûter de Noël que l'on recevait dans un sac en papier et qui était plein de surprises, de brioches à la fleur d'oranger, de mandarines, fleurant Noël.

A la maison, je montrais mon mauvais caractère et j'imposais mes façons de voir à mon petit frère, mais toujours gentiment. Je voulais que ça soit juste. Je n'ai jamais supporté l'injustice. Dès que quelqu'un d'étranger arrivait, y compris mes cousines et mes tantes, je me renfermais dans ma coquille. Mes cousines étaient délurées, elles disaient des mots grossiers et les autres s'esclaffaient. Tout le monde les admirait. Mes tantes me traitaient de gourde, godiche, empotée. Et c'est comme ça que je finissais par me voir. Je me suis plongée dans les bouquins, au pied d'un grand pin, adossée à mon gros rocher. J'en connaissais par cœur toutes ses aspérités. Je me faisais gronder bien sûr quand je passais toute la journée à lire. Je lisais encore en cachette le soir… J'imaginais ces grands voyages dans les pays lointains, les îles, les pirates, les grandes robes à la cour, les passions… Ces lectures me sortaient un peu de tout le système scolaire que je détestais. Je fuyais les ballons, les moqueries, la réussite, les cris, les obligations.

J'ai grandi et ma hantise de l'école avec. Puis nous avons déménagé à l'âge de 10 ans. Nous avons quitté le soleil pour l'humidité verte du Sud-Ouest. J'ai eu beaucoup de mal à accepter ce changement. Nous avons été placés avec mon frère dans un collège catholique à l'ancienne où les garçons en blouse bleue étaient séparés des filles en blouse rose. Le curé directeur nous tenait en haute estime car nous étions premier et deuxième de la classe, alternativement. J'étais fière d'être la seule en cours de musique à percevoir les demis ou quart de tons. J'adorais la musique et j'allais à l'église pour chanter. J'étais mal habillée et je cachais tout ça sous ma blouse boutonnée jusqu'au col. Comme j'étais très timide, on a commencé par se moquer. Je n'allais pas vers les garçons. Je n'ouvrais pas ma blouse pour leur montrer mes attributs. Je ne cherchais pas à fumer en cachette. Je travaillais sagement et respectais tout le monde. Un jour, je n'ai plus accepté que l'on se moque de moi. J'ai pris mon courage à deux mains et je me suis dirigée vers les filles qui ricanaient sur leur banc : « Je peux savoir pourquoi vous vous moquez de moi ? » Elles étaient à mille lieues de s'imaginer que je pouvais faire une chose pareille. Elles sont restées la bouche ouverte. J'étais interne. Je connaissais tout le monde. On se confiait à moi. J'essayais d'arranger les choses. J'ai commencé par séparer les filles qui se battaient en leur parlant, en les

calmant. Dans ce collège religieux, je suis passée pour une sainte. Mais on ne me comprenait pas.
Mes parents ont déménagé et il a fallu intégrer un lycée public. Encore une succession de railleries parce que je me tenais d'une façon gauche, je n'osais pas aller vers les gens. Je n'arrivais pas à trouver d'intérêt dans les discussions entre camarades. J'avais bien quelques amies mais cela restait superficiel. Leurs intérêts n'étaient pas les miens. Je m'ennuyais en leur compagnie. Je finissais par les fuir ou les éviter. Les professeurs n'étaient pas non plus des plus intéressants. Il fallait retenir par cœur et je détestais ça. Je voulais comprendre. J'avais besoin d'une logique que je ne trouvais pas dans cette succession de recettes à mémoriser. Alors que mes notes avaient toujours été excellentes dans tous les domaines j'ai commencé à flancher. Je ne pouvais pas retenir ce qui n'avait pas de sens, et je n'acceptais pas non plus de faire des choses qui me paraissaient stupides. Ma hantise, c'était le cours de gym : être évaluée devant tous les autres, partir au bon moment, au top du chrono, faire la meilleure performance devant tous ces yeux qui ricanent… Stressée, je n'arrivais pas à partir au top, par la volonté inconsciente de faire le contraire de ce qui est attendu. Il faut le faire, tout le monde la fait, cette roulade. Les autres vont voir mes fesses. Ils vont encore se moquer. Les barres asymétriques, c'est terrifiant. J'ai peur de me percher tout en haut, d'enjamber cette barre. Je vais tomber c'est sûr. J'avais des notes lamentables, en sport et dans d'autres matières. Trop de stress avant et durant les épreuves. Pendant les contrôles, je regardais ma page blanche, j'entendais le crissement des stylos sur les feuilles, le bruit d'une tondeuse dehors, et je regardais l'heure. Il ne me reste qu'une demi-heure et je n'ai pas encore commencé. Il ne me reste que 10 minutes, je savais. Je ne sais plus, je ne me rappelle plus, mes mains sont moites, je vais tout rater c'est sûr !

Il n'y a qu'en français, en musique et en langue vivante où j'excellais. Le français car mon stylo partait tout seul et mes idées aussi. J'ai bien quelquefois fait du hors sujet mais j'arrivais à rendre des dissertations de huit pages écrites en une heure de temps. L'idée de faire de la philosophie me plaisait et j'attendais le cours avec impatience. Quel bonheur que de pouvoir exprimer ses propres idées sur la vie et les gens ! La musique, c'était évident, ça me parlait. Les langues vivantes aussi. Elles nous permettaient de voyager, d'écouter des chansons de découvrir le monde.

J'ai commencé à faire du théâtre. J'étais à la fois angoissée et enthousiasmée par cette idée. Je me débrouillais bien. Quand j"étais sur scène, je changeais de peau, j'incarnais mon personnage et je pouvais tout lui donner. Quelquefois on ne me reconnaissait pas. J'avais passé tellement de temps à observer les gens leurs manières de s'exprimer, leurs tics. Tout me revenait quand j'incarnais un personnage et tellement d'idées en même temps que dans l'improvisation je me dépassais. En même temps j'avais besoin que l'on me regarde quand je faisais tout ça. Ce n'était pas pour moi que je jouais mais pour les autres, pour les faire rire ou pleurer. Je me rappelle une séance dans les toilettes du lycée, j'ai parié aux filles que je pouvais les faire pleurer. Elles ont rigolé. Puis j'ai commencé. Je devais être drôlement crédible puisque des larmes ont commencé à couler sur leurs joues. C'était une victoire pour moi. C'est ce que je voulais faire, aller vers le spectacle, j'avais plein d'idées. Le chant aussi. Le jour de mon premier spectacle sur scène, j'étais paralysée d'horreur. Le rideau devait se lever sur moi et « mon mari ». Moi, assise stupidement sur une chaise bancale maquillée en fauteuil avec du carton, qui menaçait de tomber au moindre mouvement. Avant le spectacle, je n'avais plus de voix, rien ne sortait. Le metteur en scène m'a amenée sur scène et m'a dit « on va faire quelques vocalises, ça va te détendre » Quand j'ai ouvert la bouche et ai commencé à chanter il a été subjugué : « Tu as une de ces voix ! Tu devrais faire du chant ! » J'ai gardé en mémoire son visage étonné et cette possible faculté que je pouvais avoir. Quand le rideau s'est ouvert je n'étais plus la même personne. Comme je ne savais pas ce que je voulais faire et malgré les tentatives de la prof de français à me faire suivre une voie littéraire, je me suis engagée vers ce qui était devenu ma bête noire à force d'incompréhension, les maths. L'artistique, il faut le voir comme un passetemps, pas comme un métier, pensais-je à cette époque. Le bac C en poche, ne sachant toujours pas quoi faire, je me suis inscrite en première année de deug, deuxième année, licence puis maîtrise de maths. Ceci me donnait l'occasion d'aller me balader en montagne le week-end, et de faire partie d'une chorale, qui me permettait de chanter. Quel bonheur ! Je ne vivais que pour ça. Je suis arrivée en maitrise peut-être parce qu'enfin les maths avaient plus de sens. Tout se regroupait et formait enfin une unité, avait une logique qui me permettait de faire des liens. Mais aimer les maths, ça non, c'était tellement rébarbatif ! Je faisais des fiches récapitulatives pour mon frère qui ne prenait pas les cours, j'essayais donc de dégager l'essentiel pour qu'il comprenne bien, de les faire les plus complètes possibles. Il ne travaillait qu'avec ça et le jour de l'examen, il avait dix points de plus que moi ! Il était fier de sa grande sœur qui détestait les maths mais qui les comprenait tellement bien ! A la fin de la maîtrise, il fallait que je fasse quelque chose et rien ne me plaisait. Je m'imaginais mal en petit ingénieur coincé derrière son écran. Je voulais vivre, découvrir, voir et connaître plein de choses et me rapprocher encore du milieu artistique. Mes congénères parlaient déjà retraite, carrière, famille et ricanaient de petites bêtises qui ne m'intéressaient pas. Je n'avais pas d'amis, plutôt des gens qui venaient me demander conseil ou soutien. Personne ne s'intéressait vraiment à moi et d'ailleurs, cela ne me dérangeait pas. Je faisais peur à certains parce qu'ils ne me comprenaient pas : ni mes réactions indignes d'une timide bêtasse empotée, ni ma façon de vivre avec mes rêves et mes livres qui, eux, m'apportaient un semblant de bonheur et une réelle évasion. J'étais amoureuse, oui, de l'image d'un homme croisé en passant, d'un professeur même vieillissant, d'un compagnon de marche. Le soir j'imaginais, ses sentiments, ce qu'il pourrait dire, ce qu'il pouvait penser, ce qui aurait pu être s'il m'avait remarquée. Les seuls hommes à qui je pouvais adresser la parole étaient ceux qui ne me plaisaient pas. Je fuyais les autres et même toute espèce humaine. Il me fallait un périmètre de sécurité. Je fuyais le contact avec un homme. Et pourtant le moindre frôlement du coude d'un homme aimé, l'effluve de son parfum me faisais fantasmer pendant des journées entières.

Subitement, j'ai décidé de préparer les concours d'enseignement à Nice, puisque c'était près de Cannes, du cinéma, de la montagne, de la mer. C'est aussi là que j'ai vécu mes premiers émois et relations amoureuses, à l'âge de 25 ans. Il a fallu que je franchisse le pas, que j'accepte enfin le contact. Les études ne m'intéressaient vraiment pas mais c'est là que j'ai rencontré du monde et que pour une fois je me suis fait des amis. Des amis pour des barbecues sur la plage, pour des soirées karaoké dans les bars, pour des randonnées en montagne. Je me suis inscrite à un cours de théâtre et un cours de chant. J'ai passé là des années à enseigner à droite ou à gauche et à m'occuper de mes parents. Je ne trouvais jamais d'amis parmi les enseignants, je ne partageais rien avec eux. J'aurais tant voulu faire une école d'art. Mes parents ne voulaient pas ! J'ai loué des gites dans la nature, j'ai vécu plus ou moins recluse. J'ai commencé à développer ma voix à l'académie de Nice où j'ai connu Valérie. Car j'avais en effet un potentiel vocal. Je voulais m'exprimer, faire ressentir, émouvoir, non seulement par les vibrations de la voix, par le timbre mais aussi par l'interprétation, ce que l'on peut lire sur le visage. De nombreuses personnes sont venues me dire qu'elles avaient eu des frissons en m'entendant chanter ou qu'elles avaient été particulièrement émues par ma voix. Cela

m'a confortée, un moment seulement car très vite, reviennent les doutes, le manque de confiance. Je suis trop vieille pour réussir et je n'aime pas marcher sur les autres.
Valérie m'a ouvert les yeux sur moi en me disant : je crois bien que tu as un parcours typique de l'enfant HP devenu adulte. Je pensais qu'elle parlait à mon voisin. Je me suis alors lancée un peu ragaillardie dans de petits concerts devant quelques personnes. Je suis heureuse de donner simplement un peu de bonheur, le temps d'une représentation. Puisque j'ai cette faculté là autant m'en servir pour améliorer le quotidien des autres. J'ai très longtemps attendu avant de passer les tests pour me rassurer. J'ai rencontré des hommes au hasard de l'existence, des hommes qui m'attiraient au départ et m'ennuyaient ensuite. Mes relations n'ont pas duré. Au bout de six mois ou même avant, j'avais fait le tour de l'homme que j'avais en face, et celui-ci devenait tellement banal qu'il finissait par m'horripiler. J'y crois au début, je déchante ensuite. Je n'avais pas envie de passer mon temps à faire le professeur auprès d'un homme qui est censé me soutenir, mais qui n'est pas capable de voir plus loin que le bout de son nez. Il me faut un homme capable de réfléchir rapidement, un homme curieux et inventif, sur qui je puisse me reposer en cas de coup dur. Et cet homme, je ne l'ai jamais rencontré. J'ai passé mon temps à expliquer, à essayer de raisonner les hommes avec qui j'étais. Je me suis dit que j'étais trop difficile. J'ai fait profil bas au début, mais au bout d'un moment je ne pouvais plus supporter d'entendre des aberrations ou des raisonnements illogiques et cela minait la relation. Pour que j'aime, il faut que j'admire et je ne suis pas arrivée à les admirer. J'ai rencontré sur Internet un homme qui n'a connu qu'une seule femme dans sa vie et vit toujours chez sa mère. Il envisage de faire construire à côté. Je décide de négliger ces foutus détails. Il est compositeur pianiste et peut déjà me rejoindre au niveau musique. Le précédent était d'une telle bêtise que je voyais un mieux. J'apprends à mieux le connaître, à connaître sa mère, à

vivre chez elle. Ils essaient de me mettre à leur sauce, à leur goût en commençant par changer ma garde-robe. J'encaisse sans rien dire, je fais le dos rond, car les moindres raisonnements logiques que j'ai à propos de choses sur lesquels ils se sont fait une idée fixe, déclenchent des orages. En deux mots, je suis insignifiante et il faut qu'ils me façonnent pour que je corresponde à l'image qu'elle veut pour son fils adoré, une femme soumise, mince, blonde aux cheveux raides. Comme lui est la réincarnation de Mozart et elle de Leonard de Vinci, rien n'est trop beau pour des âmes aussi pures et les êtres qui offrent une quelconque contradiction n'ont rien à faire dans leur périmètre. Il me parle de mariage. Juste après il me fait part de ses doutes. Il me fait changer le lieu de mon travail pour vivre avec moi. Je suis enceinte et il me quitte... Tout cela est très récent je me retrouve dans une région inconnue, sans ami avec une petite graine dans le ventre qui je l'espère ne va pas m'abandonner ...
News chanteuse, il n'y en a pas pour l'instant. Pourtant, dès que j'ouvre la bouche, il semble que je fais des heureux mais il faudrait pour cela que je trouve un bon pianiste accompagnateur. Je ne suis pas arrivée non plus à m'investir dans mon travail car j'ai du mal à me concentrer sur une cause et puis l'enseignement a un côté routinier qui me déplaît, que je fais par force. Heureusement, un peu par plaisir, car j'ai besoin de faire comprendre aux élèves la logique des mathématiques, ce que moi je n'ai pas eu, et qui a contribué peu à peu à démolir le peu de confiance que j'avais en moi. Si je devais aujourd'hui faire un bilan de ma vie en me basant sur ce que l'on appelle une vie réussie, le mot échec apparaîtrait sans peine. Pas de carrière, pas de vrai travail, pas de famille, ni même de compagnon. J'ai une curieuse impression que j'ai passé mon temps à me mettre des bâtons dans les roues parce que j'étais godiche, niaise, crédule, stupide à la base. J'ai trop réfléchi, trop analysé chaque chose. Je n'ai pas vécu assez instinctivement. J'ai pris de plein fouet les malheurs des autres. On m'a reproché ensuite de me

mêler de ce qui ne me regardait pas. J'ai regretté de ne pas me lancer à corps perdu comme les autres dans une carrière, dans une relation, sans me poser de questions ou du moins les questions qui font hésiter, revenir en arrière, peser le pour et le contre, sentir l'avenir avant qu'il n'arrive. Prévoir toujours le pire, ce qui à la longue le fait arriver. Il me reste des rêves et l'espoir encore d'un avenir heureux. J'essaie de vivre au jour le jour, de profiter de chaque instant paisible, des beautés de la nature, d'un sourire, de l'amour de ce qu'il me reste de famille, d'une amitié.

Rébecca, 30 ans

J'ai eu un parcours émotionnel difficile, fait d'incompréhension où on s'impose à l'autre comme un être insatisfait et compliqué à comprendre. J'ai été perçue comme instable à cause de mes questionnements divers sur la vie, mes remises en question, mes émotions, ma vision naïve sur les choses que l'on idéalise. J'ai mieux compris quand j'ai su à 30 ans d'où venait mon mal de vivre.
Souffrance de se poser tant de questions, un cerveau comparable à une éruption volcanique permanente. Une sensibilité à fleur de peau, la recherche impossible de la perfection avec une fatigue liée à toute cette décharge émotionnelle qui peut parfois nous mener au fond d'un gouffre face auquel on va rebondir mieux que quiconque. On en ressortira plus fort, plus mûr pour affronter la prochaine situation difficile, une vie comparable à un parcours du combattant avec des obstacles qu'on se crée là ou d'autres laisseraient la vie suivre son cours. Ce trait de personnalité qui nous pousse toujours plus haut et plus fort lutte contre la lassitude qui s'installe facilement chez nous, notre pire ennemi.

L'ennui nous rend non productif. Relever les défis nous maintient dans le tempo de la fertilité. Prendre des décisions qui paraissent hâtives pour certains et si logique pour moi, me permet d'honorer mes challenges. Cela provoque une peur de la part des autres, qui pensent que j'ai des réactions irréfléchies, prises trop vite par rapport à la normale. Je suis une insatisfaite de la vie car je veux et cherche toujours à améliorer les choses jusqu'à m'épuiser.

J'ai la sensation désagréable de ne trouver ma place nulle part, d'être un bouc-émissaire durant l'enfance. J'ai souffert de ne pas m'entendre avec les personnes de mon âge et de n'être qu'un enfant aux yeux des adultes, non considéré dans les conversations. Une enfance où j'ai préféré me ranger dans le camp des plus faibles pour défier les injustices, au risque de me voir moi-même dans cette situation. Ma franchise à toute épreuve est perçue comme un affront. Non cela fait juste parti de mon fonctionnement. La spontanéité... Cette curiosité insaisissable éreintante aux yeux de mes parents avec ce " pourquoi maman..." récurrent pour essayer de percer les mystères de la vie. Et enfin cet affect que l'on a avec les autres. Prêt à avoir la meilleure note avec un prof parce qu'on l'aime bien et en faire le moins possible avec un autre parce qu'on s'ennuie dans ses cours. Et puis parfois cet ennui est vu comme de la paresse, ou des lacunes. Mais comment expliquer ce que l'on ressent quand les grands ne m'écoutent pas et me cataloguent. Et quand on n'a aucune idée du pourquoi de cette différence avec les autres, il est difficile d'avoir du recul. Alors on se renferme sur soi. Pourquoi quand je lis un passage d'un livre en classe, je m'arrête sur les mots, les phrases pour essayer de ressentir chaque émotion décrite par le poète ou l'écrivain ? Je me fais réprimander parce que je suis dans la "lune", je ne suis jamais concentrée, je me disperse, que je fais des hors sujets dans mes devoirs... Est-ce normal si l'intitulé du problème n'est pas assez précis pour moi, alors que la maîtresse me dit que tout est écrit et que je n'ai qu'à lire... Comment lui dire que pour moi un mot peut avoir un sens pour elle mais un autre pour moi, que ça m'angoisse car souvent je préfère trop en dire que pas assez, et c'est là que vient le hors sujet... et les fausses idées de mes parents qui croient que je n'ai pas ou mal appris ma leçon.

Rien ne me paraît infaisable. Il y a une solution à tout problème, foncer est mon mot d'ordre. Se donner à 200 %, anticiper, innover, telles sont mes motivations. Me démarquer des autres, toujours peut-être pour être reconnue comme différente parce que je ne me sens pas bien de ce moule façonné par la société. Je me vois comme une sorte de marginale, une révolutionnaire de la société. Une idéaliste comprise seulement par ceux qui me ressemblent... que ça fait du bien et que c'est rassurant de voir qu'on appartient à une « autre normalité » mais à une normalité humaine quand même. Cependant, on ne peut tout maîtriser car il y a toujours un autre que soi dans l'histoire, dure réalité. Pouvoir faire trois fois plus de choses... qui n'en a jamais rêvé, moi je peux le faire. Etre au téléphone, faire de la comptabilité et noter ce que je dois faire tout ça en même temps. Ça paraît fou à l'écrire... Etre plus rapide que tous les autres, ne pas avoir besoin qu'une phrase se finisse pour en connaître la suite. On a tendance à couper la parole, à raccourcir nos phrases ou nos raisonnements, totalement incompris, probablement parce que une tonne d'idées afflue et pour ne pas perdre de temps. On a toujours quelque chose de nouveau à faire qui nous attend.

Derrick, 48 ans

Oiseau des îles, pianiste et oisif émérite, fier de le clamer, j'adore qu'on m'appelle Derrick, en mémoire de ma série policière préférée. Je suis détenteur du Bac C, après deux essais, pour répondre aux exigences de mes parents. Dès mon adolescence, j'ai parcouru l'Afrique en tournée. Je suis venu en France pour étudier le piano. Je suis professeur de piano, j'ai trois filles HP et je suis épanoui dans ma vie de couple, d'artiste et devant Derrick !

Victoire, 48 ans

Découvrir mon haut potentiel, même à 40 ans, ça change tout ou presque tout. Je me sens depuis comme une boussole qui a retrouvé le Nord, guidée par une aiguille qui me montre le chemin.

L'avant, altérité bizarre, QUI SUIS-JE ? J'ai eu une enfance dans le moule de la docilité, avec une balance réussites/échecs tournée vers le succès, jalonnée de nombreuses périodes d'ennuis que je rapportais à une pauvreté intellectuelle chez moi, pensant ne point être capable de m'intéresser aux programmes scolaires dispensés à cette époque, ou bien à certains sujets dans mes études supérieures. Je me suis engouffrée rapidement dans mon rôle de mère à m'y perdre avec bonheur. Je m'efforçais de plaire aux autres, allais au galop secourir la planète, au risque de m'enliser et attendais bien sûr qu'on me renvoie l'ascenseur. L'ascenseur restant bloqué à l'étage chacun-pour-soi, ou celui inférieur je-n'ai-pas-entendu, ceci me provoquait une immense déception et édifiante souffrance incomprise bien des jours après. Il m'arrivait souvent d'arborer un sourire équivoque pouvant être parfaitement à l'opposé de mes réels sentiments pour cacher cette souffrance.
Juste après la découverte, BOUFFÉES D'OXYGÈNE. J'ai été gagnée par une double sensation. Sensation de colère, dans l'abîme de ma mémoire, avec une nette impression d'avoir gâché une partie de ma vie, d'avoir gaspillé mon temps à ressasser

sans pause, réducteur de créativité. Sensation de libération qui m'a permis de regarder par la lunette du savoir et de l'objectivité mon enfance, mon adolescence et ma jeune vie d'adulte. La musique de ces mots a eu un effet anesthésiant pour réduire les fractures anciennes restées à ma grande stupéfaction béante, expliquant pourquoi je pouvais endurer d'impressionnantes douleurs.
La découverte du HP remet les pendules à l'heure, une seconde naissance physique. Je suis née le... avec, bien sûr, une espérance de vie allongée par cette ouate de bonheur qui m'enveloppe. Les jours deviennent étroits. Je détruis mon image inventée pas à pas pour satisfaire les attentes des autres. J'ai l'impression de pouvoir redresser un looping in extremis, juste avant de couper le câble d'un téléphérique. Effet bluffant sur la confiance en soi ! Je suis gagnée par une frénésie découvreuse. De l'air, du souffle. Je déploie la grande voile. Je ne fais plus dans l'étriqué ! J'ai le vent en poupe. Tout me réussit. Je dévoile et assume ma créativité enfouie au théâtre, en peinture, en musique, en poésie, en écriture. Je me lance dans des défis en tout genre. Enfin, je m'occupe de moi. Je ne me laisse plus envahir par les injonctions de mes enfants. Je prends du temps pour moi, pour exercer mes passions que je partage aussi avec eux. Je reprends des études couronnées d'un nouveau diplôme, après avoir dû me plier aux conditions scolaires rigides que je n'aurais pas acceptées avant en laissant tomber et en arguant le manque de temps. Cette compréhension de moi-même avec ma différence a un effet apaisant inattendu sur mes chérubins. Je me respecte. Ils me respectent. Je m'écoute. Ils m'écoutent.

A distance, J'OSE DIRE. C'est une prise de conscience de mon mode de fonctionnement différent. C'est la découverte d'une merveilleuse aventure que celle du développement personnel, aidée d'un thérapeute sur plusieurs années. Je sors de mon silence qui s'était engouffré dans tout mon intérieur, s'étant installé dans les moindres recoins, de pièce en pièce. J'ose exprimer toutes mes émotions. Je prends conscience de mon rythme effréné qui m'épuise et adapte mon emploi du temps. Je me rends compte de mon impatience démesurée dans certaines circonstances qui me vaut d'être mal considérée par mes collègues. Je comprends pourquoi rien n'inquiète mon mari hyperactif. Monsieur vit comme un grand enfant, vibrant à son ordinateur, à Zéphyr, à la neige profonde, lustrant son joujou automobile. C'est moi qui porte les anxiétés, les contrariétés, les problèmes psychologiques, la peur du lendemain pour toute la famille. Il se laisse porter par le courant, pendant que je mets mon énergie à lire dans le ciel le sens du vent. Puérilité prolongé du sexe dit fort et une volonté féminine de s'arroger les douloureux privilèges de l'inquiétude.

J'ose déléguer et partager cette anxiété. J'ose même révéler mes angoisses délirantes face à des évènements peu angoissants pour d'autres. Je n'ai plus peur de dire que je suis terrorisée par une broutille. Effet immédiat, je suis mieux comprise et on me rassure plus vite. J'arrive à retenir mon élocution lapidaire qui aurait pu faire revenir à moi le boomerang empoisonné. C'est compliqué de se heurter à la méchanceté : j'apprends à parer les conflits en maîtrisant ma violence oratoire pour préserver mon avenir. Il y a bien sûr des ratés qui continuent de me terrasser au lit pendant plusieurs jours. Fondamentale, la découverte de mon HP. Je prends conscience de mes oscillations émotionnelles aussi soudaines et imprévisibles qu'une avalanche. Je m'efforce de les émousser en modulant mon langage qui tempère aussi la sensation physique. Je décrivais facilement un évènement par « c'est super très bien fait ». Je nuance mes propos par « c'est bien fait », aussi dans le cas où j'ai une fâcheuse tendance à vouloir crier « c'est nul à chier ». Cette découverte n'a cependant que le pouvoir de transformer les gammes de l'émotion sans les éradiquer, heureusement !

Après avec des années d'expérience, VOLUPTUEUX FRÉMISSEMENT. J'ôte le vernis d'adaptation à outrance à l'autre pour laisser filtrer ma vraie personnalité et accepte de ne pas plaire à tout le monde. Je fais la grève du zèle. L'hostilité du monde amassée jusque-là se dissipe au fur et à mesure que je me découvre. Je comprends que ce que je peux faire, l'autre ne peut pas toujours, malgré toute sa bonne volonté. Un déclic. Une révélation qui change les relations amicales, professionnelles, familiales, de couples. Un sourire authentique irradiant explose à la frange de mes lèvres. Je m'accorde le droit de répondre à une imperceptible fêlure, une délectable nébulosité dans le naturel d'une conversation, en la traduisant en langage compréhensible au lieu de prendre la fuite comme avant. Je m'offre le luxe de ne plus m'ennuyer. Je devance l'ennui en renonçant à certaines situations a priori ennuyeuses ou en emmenant avec moi un antidote adapté aux circonstances. L'art de faire deux choses à la fois, tellement jalousé qu'il en est nié. Oui depuis que je sais, je me donne le droit de faire ce que j'ai la chance de pouvoir faire, et même bien faire, deux choses à la fois, comme jouer au scrabble et écrire, ce qui exaspère ma mère qui croit que je ne suis pas au jeu ou que je ne fais pas attention à elle. Faux. Je suis capable de lui dire le dernier mot qu'elle a placé avec le nombre de points. Cette situation est une belle source d'inspiration. C'est aussi une façon de s'adapter au rythme plus lent des autres. L'ambiance familiale a changé malgré mes crises existentielles de plus en plus fréquentes qui bouleversent toute la famille. Cependant, elles sont de moins en moins longues. Elles ne sont plus voie-sans-issue mais portes ouvertes à un dialogue construit. Cela m'a évité de divorcer cinq fois.

Ce qui n'a pas changé ! Les sens tellement à vif ! Le doute : est-ce que j'ai bien fait, est-ce que je l'ai blessé(e), pourquoi il ou elle ne répond pas ? Faire naturellement en une heure ce que la

plupart fait une journée. Le bonheur ça se sent, ça ne se raisonne pas.
Aujourd'hui, je me sens accomplie, après avoir eu besoin cependant de rattraper le temps perdu en exprimant mes divers talents dans une course effrénée contre la montre imposée par moi seule. J'abandonne mon chronomètre et suis sereine sans contrainte de temps. Je vis au rythme de mes envies que j'honore.

Témoignage d'Alix

Je suis la troisième d'une fratrie de quatre enfants : avant moi, un frère et une sœur, qui, paraît-il, ont été déçus que je sois… une fille, mais heureusement le quatrième a été un garçon ! J'ai longtemps joué sur mon prénom « androgyne » en m'identifiant à un héros de bande dessinée, « Alix l'intrépide », et Dieu sait si j'ai été intrépide ! Je voulais être un garçon car j'avais bien vu que mes frères - et les garçons en général - avaient des droits que nous autres filles n'avions pas. Ainsi, interdit de porter des pantalons à l'école, j'en mettais quand même, mais avec une jupe plissée à bretelles par-dessus… vous imaginez l'allure. En vrai garçon manqué, je n'ai jamais joué à la poupée, et mes activités favorites étaient le patin à roulettes et la peinture ou le modelage. J'ai fait semblant de ne pas savoir lire jusqu'à 9 ans ! Sans doute que j'avais le pressentiment de ce qui m'attendait ! J'ai voulu être peintre, puis sculpteur, mais en voyant les œuvres de Michel-Ange, j'ai pensé que je ne serais pas capable physiquement de tailler du marbre.
A l'école, j'étais nulle dans presque toutes les matières, sauf en gymnastique où j'étais première jusqu'à ce qu'une grande bringue vienne me ravir ma place ; première en dessin… jusqu'à ce qu'une fille vienne dans notre classe, qui est devenue une amie et une grande artiste-peintre avec qui je suis restée liée.

J'étais aussi en tête de classe en français et d'ailleurs, c'est ainsi que j'ai fait du théâtre ; évidemment, j'héritais des rôles d'homme en raison de ma voix grave et sans doute parce que j'étais plate comme une limande. Si j'avais une bonne diction, en revanche j'ai dû apprendre à me mouvoir sur scène, à parler pour ceux qui étaient tout au fond de l'amphithéâtre. Cela m'a servi ensuite dans ma carrière pour mes cours, les interviews à la radio ou à la télévision. Bref, j'étais un(e) cancre heureux, une élève agitée, qui a quand même réussi de justesse son bac, car l'école n'était qu'une de mes activités parmi d'autres puisque je faisais du scoutisme, et beaucoup de photos que j'ai découvert à l'adolescence. J'ai gagné un concours photo à Viareggio en Italie, et j'ai voulu devenir photographe, mes parents m'ont dit que j'étais capable de faire des études. J'ai proposé alors metteur en scène, rien à faire, et pourtant je ne voulais surtout pas suivre la voie de mes deux aînés promis à des agrégations de langues ! J'aimais l'histoire, l'art et c'est alors que je me suis dirigée vers l'archéologie. J'ai passé le concours de l'Ecole du Louvre pour être conservateur de musée, que j'ai réussi au deuxième essai ; en même temps, j'ai fait une licence d'art et d'archéologie et j'ai suivi trois cours à l'Ecole Pratique des Hautes Etudes. Une vraie boulimique. J'ai eu la chance d'être suivie par des professeurs qui encourageaient le dialogue en cours. J'avais toujours une opinion et les discussions étaient animées, au point qu'un de mes professeurs plus tard me présentait en disant : « Voici l'ancêtre des contestataires de mai 68 ».

Je ne suis finalement pas rentrée au musée du Louvre malgré la thèse de fin d'études que j'ai soutenue ; paraît-il qu'on n'avait pas besoin de spécialiste de romain… mais l'année suivante c'est un collègue masculin qui a été recruté !
Alors je suis entrée au CNRS où j'ai pu mener une carrière de pionnière dans une discipline qui n'existait pas encore en

France. Au début je n'avais ni bureau, ni budget, ni matériel et bien sûr pas d'horaire. J'ai donc tout bâti progressivement avec l'aide de mon directeur et de l'équipe que j'ai formée.
J'ai mené des campagnes de fouilles et des missions à l'étranger en trouvant les financements et les collaborateurs, j'ai créé une association pour gérer un centre en recrutant du personnel privé, une autre association nationale pour fédérer les archéologues et les chercheurs dans cette discipline nouvelle de la peinture murale antique. Bref, j'ai pu déployer ce trop-plein d'énergie qui a toujours effrayé mon entourage et utiliser ce que j'aimais : le dessin, la photo, la vie en plein air… et l'écriture. Mariée et mère de trois enfants, j'ai donc eu une vie très riche et très pleine.

Après 40 ans de carrière, je continue à écrire des livres et des articles, à faire des conférences, ce qui est incompréhensible pour certains, voire scandaleux. Pourtant, on ne demande jamais à un artiste d'arrêter son art… et puis c'est grâce à ce métier, à la fois intellectuel et manuel, que je me suis épanouie, que j'ai conquis mon indépendance de femme car, au millénaire dernier, cela n'était pas du tout évident.

Post-scriptum :
Depuis, en retraite, ma vie est toujours aussi pleine ; entre trois enfants et huit petits-enfants qui viennent visiter avec moi des monuments, des musées, des expositions et pour qui j'écris des petits livres.
Alix Barbet, auteure de *Conte-moi Pompéi* et *Conte-moi la Rome Antique* et de plusieurs livres d'art.

« Les arts sont le plus sûr moyen de se dérober au monde. Ils sont aussi le plus sûr moyen de s'unir avec lui. »
Franz Liszt

5e partie

Ce que vous m'avez appris depuis la dernière édition

J'ai rajouté quelques chapitres pour répondre spécifiquement à vos nombreux courriers. Il m'a paru important d'insister particulièrement sur quelques points essentiels.

Quand la médecine révèle le HP

Il m'arrive souvent d'évoquer, pour la première fois, le haut potentiel d'une patiente venue me consulter pour une maladie auto-immune, de retrouver dans l'historique, un eczéma, un asthme dans l'enfance, amélioré par une prise en compte de ce haut potentiel, aggravé par son déni familial ou institutionnel. Les maladies liées au stress sont très souvent rencontrées car votre niveau de stress dépendant de votre propension à angoisser et de multiples autres facteurs est aussi plus élevé. Vous êtes de bons candidats aux maladies auto-immunes et à l'épuisement professionnel qui fait aussi le lit de vraies maladies, comme un infarctus ou un accident vasculaire cérébral. En effet, tout peut basculer en une seconde. Le simple fait d'imaginer une situation peut déclencher la tempête dans les profondeurs. Une pensée apparemment anodine peut se développer en gangrène. Vous vivez une situation imaginaire, virtuelle comme si elle était réelle. Alors la gangrène psychologique, absence de contrôle des pensées, galope pour gagner le physique : palpitations, douleurs thoraciques, sueurs, tremblements, malaise, gestes incontrôlés, casse. Cette impossibilité à dompter les pensées négatives est la porte ouverte aux obsessions, génère une spirale infernale. L'angoisse monte, les pensées morbides fusent et deviennent de plus en plus destructrices sous la pression de l'angoisse grandissante et l'influence d'une tendance à l'inaction. La fainéantise bloque l'action qui canaliserait cette angoisse folle. Ce cercle vicieux peut être coupé net en captant l'attention par un support visuel doux ou une action qui refrène les idées noires.

Je ne saurai que trop vous recommander d'apprendre à maîtriser votre stress. Cherchez une méthode. Il en existe pour tout le monde.
Je rencontre trop souvent encore des personnes soumises à un traitement psychiatrique correspondant à un diagnostic erroné, en proie simplement à leur fardeau HP. Une mise à jour de leurs cadeaux enfouis leur permet de reprendre le cours de leur vie à sa juste valeur. J'attire votre attention quand les diagnostics de déficit de l'attention, d'hyperactivité (TDAH) ou bipolarité sont évoqués. Consultez des spécialistes dans ce domaine.
Il faut être très vigilant pour porter un diagnostic couperet lorsqu'une personne, surtout pendant la période d'adolescence, se présente avec une panoplie de symptômes psychiatriques inhabituels dans l'expression ou dans leur association, dépression délirante atypique, signes évocateurs de psychose, angoisse démesurée face au virtuel. Attention, un imaginaire

angoissant peut être vécu comme la réalité et un imaginaire à l'eau de rose peut masquer une existence invivable, une sorte de politesse dans la déchéance. Il me semble important d'évoquer la possibilité de haut potentiel chez ces personnes aux symptômes déconcertants. Le temps confirmera ou infirmera le diagnostic et l'évocation de leur haut potentiel avec une prise en charge adaptée fera tomber bien des signes atypiques résultant de leur incompréhension ou d'un lourd passé non prêt à être affronté. Il est capital de décrypter ces symptômes déroutants que j'appelle symptômes d'emprunt pour faire un diagnostic juste et prescrire un traitement adapté à la problématique réelle. Un mot juste, vous réintégrez votre personnalité. Un mot injuste, vous partez en vacances de vous-même.

Voici un historique fréquent que j'ai souvent lu ou entendu. Dès votre majorité, vous fuyez pour échapper à un nuisible. Vous vous retrouvez dans la précarité ce qui vous est humiliant. Vous sombrez dans un délire ou une dépression qui vous empêche de travailler, avec une idée fixe, vous suicider. Vous êtes très créatifs dans ce domaine. Vous êtes alors assujettis à une camisole de force chimique, à un isolement qui attise vos symptômes et aggrave votre situation. Quand vous sortez, après une longue hospitalisation, vous êtes amoindris. Vous vivez bien en dessous de votre potentiel réel, souvent dans une peur paralysante de tout, irraisonnée, qu'il vous faut sans cesse dépasser. Vous vivez dans le stress de l'incertitude financière, car vous subissez des licenciements abusifs, ou êtes victime de harceleurs ce qui vous replonge dans une dépression sévère et oblige à vous arrêter de travailler bien

que vous soyez un parent isolé. Ceci vous conduit à l'indigence qui peut vous faire gonfler comme un pop-corn, ou rendre anorexique, ce qui aggrave bien sûr votre dépression. Vous êtes dans un cercle vicieux infernal. C'est souvent la rencontre de plusieurs personnes qui connaissent votre fonctionnement haut potentiel qui vous feront sortir de votre coquille vide, en vous mettant sur votre chemin de vie, en vous faisant prendre conscience que vous êtes responsables de vos émotions négatives, de vos schémas de pensées négatifs. Cette prise de conscience de votre implication dans le vécu dans l'œil du cyclone est ce que j'appelle poser le premier pas sur son chemin de vie. Vous êtes prêts à poser le deuxième pied pour prendre le chemin du bonheur que vous croiserez très vite. Je rappelle que l'on est acteur de son bonheur.
Lorsque vous mettez un nom « HP » sur votre histoire, vous la revoyez alors sous un éclairage différent. Votre colère terrée au plus profond de vous-même, souvent inconsciente peut s'échapper. Vous vous décidez à déposer votre fardeau de votre sac à dos et marcher plus léger, plus zen.

Une présentation psychiatrique inhabituelle conduit à de faux diagnostics et des prescriptions inadaptées qui aggravent l'état initial. C'est le mode de fonctionnement HP qui génère des périodes obligatoire d'angoisses, de dépression. Cela fait partie de votre chemin de vie. Ce sont des blocs de pierres dont vous pouvez vous délester pour faire apparaître les perles de jade qui ne demandent qu'à briller.
Désintégrer un atome est bien plus aisé qu'un préjudice, qu'une injustice.

C'est parce qu'il n'est pas rare de voir la médecine révéler un HP que j'insiste sur l'importance des conditions émotionnelles lorsque vous effectuez les fameux tests de QI. Le négatif appelant le négatif, je vous conseille vivement, si vous tenez absolument à effectuer ces tests, d'attendre d'être sorti de votre période de dépression, l'infiltration de la mélancolie dans votre corps vous ralentit. Votre manque de concentration résultant d'une nuit sans sommeil faussera les tests qui ne seront pas le reflet de votre réelle capacité et vous mettra dans une nouvelle situation d'échec, alimentant votre mésestime de vous. Conséquence : effet obtenu contraire à celui escompté. Si la personne qui vous teste accepte de le faire sans prendre en compte votre état émotionnel, fuyez et cherchez une autre personne ; cela vous évitera de subir un nouveau traumatisme.

Résistance à la perte de poids

La prise de poids et surtout l'impossibilité de le perdre, majorant votre état dépressif reviennent très souvent. Ce peut être l'excès calorique manifeste ou inconscient, impossible à maîtriser, souvent constitué d'aliments appelés malbouffe, une sorte d'addiction. Le sucre appelle le sucre. L'addiction au sucre ou pire au goût sucré trompeur, est aussi forte que celle au tabac. Laissez les boissons « zéro sucre, Light ». Elles ont un goût sucré prononcé et cultivent votre envie de sucre et de malbouffe. Mettez dans votre assiette des aliments simples et aussi proches que possible de leur forme d'origine. Manger sain régule l'appétit. Les aliments sains ont tendance à rassasier plus vite que la malbouffe, à calories égales. Attention au « bio » et au « zéro calorie ». Ce sont deux pièges marketing qui vous déculpabilisent et vous plongent dans un autre tourbillon infernal.

Vous pouvez ressentir un échec en constatant, malgré vos efforts soutenus sans excès caloriques, que le poids sur votre balance reste immuablement le même, effrayant. Voici quelques causes cachées à cette résistance à perdre du poids.

Vous n'avez pas conscience de ce que vous avez mangé
Vous dormez peu ou mal
Vous avez fait ce qu'on appelle les régimes protéinés
Vous avez un problème médical qui favorise la prise de poids
Vous vous êtes trop privés trop longtemps
Vos attentes sont irréalistes
Vous êtes trop obsédés par le régime ou la perte de poids
Vous voulez perdre trop de kilos trop vite

Remèdes

Notez ce que vous avez mangé sur un carnet. Prenez une photo de votre assiette. Le simple fait de noter ou photographier ce qu'on mange fait maigrir plus vite, car vous suivez beaucoup mieux ce que vous ingérez.
Mangez entre 20 à 30 % de protéines et pas plus. L'excès de protéines déstabilise le métabolisme et favorise la reprise pondérale bien au-delà du poids initial. Maintenir un apport protéique suffisant permet d'éviter la fonte musculaire fréquente après un amaigrissement en pratiquant aussi des exercices de musculation.
Un bon sommeil est capital pour votre santé physique et mentale, ainsi que pour votre ligne. Le mauvais sommeil stimule l'ingestion de produits sucrés, à l'origine du surpoids.

Mangez en pleine conscience, avec zéro distraction, juste vous et votre nourriture, assis confortablement. Mangez doucement et mâchez soigneusement. Essayez de prendre conscience des couleurs, des odeurs et des textures. Savourez chaque bouchée. Lorsque vous ressentez les signaux de la satiété, arrêtez de manger. Ne restimulez pas votre appétit par un autre plat.

Certains problèmes médicaux peuvent influencer la prise de poids et rendre l'amaigrissement plus difficile. Une maladie des ovaires est une cause fréquente ainsi que l'apnée du sommeil qui se reconnaît par le conjoint par des ronflements et des pauses respiratoires. Certains médicaments également le rendent plus difficile et favorisent la prise de poids.

Si vous avez perdu du poids pendant plusieurs mois d'affilée, il n'est pas rare de connaître une période de stagnation pondérale. Vous avez simplement besoin d'une pause. Augmentez légèrement votre apport calorique, pas plus que 100 Kilo calories par jour. Faites de l'exercice physique qui vous aidera à dormir mieux, sans oublier la musculation dans le but de gagner de la force et de l'endurance. Visez le maintien de votre poids pendant un à deux mois avant de commencer à essayer de perdre à nouveau. Votre corps a besoin de pause. Vous serez surpris de rentrer dans de vieux vêtements. Car si la balance vous déçoit, votre silhouette change et s'affine.

Perdre du poids est un processus généralement beaucoup plus lent que vous ne le pensez. Au début, les kilos partent vite. Puis avec le temps, ils peinent à s'envoler. Cette lenteur est normale. Désintoxiquez-vous de la publicité irréaliste qui implique un supplice journalier aux mannequins. Donnez-vous un poids réaliste à obtenir en fonction de votre morphologie, votre histoire de vie et non en fonction des images publicitaires, bien éloignées de l'original grâce à Photoshop et autres outils virtuels.

Si vous avez déjà perdu du poids et que vous vous sentez bien dans votre peau, peut-être est-ce votre poids idéal. Acceptez votre corps comme il est sans vouloir coûte que coûte descendre plus bas au risque de TOUT reprendre et parfois plus. Il y a un point où votre poids va atteindre un niveau qui correspond à la zone de confort de votre corps. C'est votre poids de forme. Respectez-le. Choyez la personne que vous êtes devenus, en meilleure santé, et en meilleure forme. Nourrissez votre corps d'évènements heureux, de relaxation au lieu de lui infliger des privations. Peut-être perdrez-vous du poids sans vous en apercevoir. Ce sont les mots négatifs que vous imprimez dans toutes vos cellules qui entravent l'amaigrissement. Chassez les mots culpabilisants, dévalorisants de votre vocabulaire. Bannissez les phrases qui fourmillent dans votre esprit comme : je n'arrive pas à maigrir, impossible de perdre un gramme. Préférez ces assertions : comment pourrais-je faire pour changer quelque chose qui m'aiderait à faire pencher la balance dans l'autre sens ?

HP mode d'emploi

Le HP a un mode de fonctionnement ignoré de la plupart des personnes et des HP eux-mêmes. C'est bien cette ignorance de vous-mêmes qui est à l'origine de votre mal-être, créant un gouffre incompréhensible avec les autres, un décalage invivable, et qui vous projette dans un monde d'illusion.
Quand vous achetez un appareil photo, vous avez deux façons de vous l'approprier. Soit vous vous jetez sur la notice pour y découvrir tous ses secrets. Soit vous le prenez en main tout de suite et le manipulez intuitivement. Dans la première option, vous passez d'abord par la théorie, l'intellectualisation. Dans la seconde par l'expérience, la manipulation. Pour votre appareil HP, c'est identique.

Dès le plus jeune âge, le HP demande à être éduqué en mode adulte, relation adulte-adulte et non comme un enfant, dans une relation parent-enfant. Cette méprise d'éducation est à l'origine des difficultés scolaires rencontrées, écoles inadaptés à ce type de relation, à l'origine de remarques, mots sur les livrets humiliants : enfant insolent. L'enfant s'adresse à son enseignant sur un mode de relation adulte-adulte avec respect. L'enseignant considérant sa position de parent ne l'entend pas de cette oreille et use facilement de ce mot manque de respect. L'enfant qui respecte tout le monde, y compris son enseignant, ne comprend pas cette injustice et son émotionnel se met en route pour effectivement devenir irrespectueux avec son aisance verbale sans retenue. C'est pour ce quiproquo relationnel qu'il est épuisant et déroutant, surtout lorsqu'il n'est pas compris. Puis son appareil se met sur off pour se protéger, ce qui explique les échecs scolaires et l'ennui. Souvent, après le bac où la relation devient celle attendue depuis longtemps de type adulte-adulte, les choses s'arrangent. Le jeune adulte commence à s'épanouir.

L'appareil HP a une fonction spécifique, signant la marque : incapacité de s'arrêter de penser. Un bruit de fond mental vous empêche de trouver le calme et projette une ombre de peur, de doute, de souffrance. Le tout petit bouton qui actionne les ouvertures et fermetures vous dévoile un large éventail de modulations jusqu'à l'écran opaque de jugement bloquant qui empêche de vraies relations ou qui génère des distorsions émotionnelles. Un jour avant un déluge prévu, prévoyez une action agréable pour lever ce voile négatif. Faites une action qui permet de mettre le cerveau brièvement sur off : marathon, jardinage, peinture, dessin, danse, rangement minutieux. Apprenez à vous dissocier du mental dans la simplicité.

L'appareil HP ne fonctionne qu'à une seule vitesse : vitesse éclair.

1 minute HP = 7 j non HP

Votre hyper rapidité à tout faire est prise pour une imposture car ce n'est pas possible que vous ayez lu ce document en 30 secondes, que vous ayez lu ce livre de 1000 pages en un week-end. Vous êtes considérés comme un usurpateur, insulte suprême qui actionne votre bouton volcan. En une fraction de seconde, une phrase anodine interprétée avec votre prisme émotionnel vous plonge dans le plus profond d'une déferlante négative. En un temps aussi record, après un évènement positif, vous êtes propulsés en miroir au sommet d'une déferlante émotionnelle positive alors que les autres ne sont qu'à la naissance de leur vague. Vous êtes jugés comme exubérant voire hystérique. Cette possibilité de passer d'une déferlante positive à négative en une fraction de seconde est parfaitement incompréhensible, en dehors d'une maladie. C'est cette amplitude normale pour votre appareil HP, entre les + et les -, votre thermostat émotionnel qui crée un puits sans fond de souffrance. Elle peut aussi conduire à des erreurs diagnostiques. Une personne dite bipolaire, terme à la mode, qui passe d'un état dépressif à un état euphorique plusieurs fois par jour, devrait être réévaluée. Car dans une journée vous pouvez vivre une centaine d'oscillations. Cet émotionnel négatif peut être responsable de décalage de lecture dans la touche du raisonnement. Vous utilisez des mots inappropriés. Votre potentiel est gelé. Vous êtes gagnés par la procrastination qui vous fait perdre de l'argent, des occasions. Vous êtes dans le déni qui vous conduit à des mauvaises décisions entretenant votre mal-être. Puis, comme par enchantement, une phrase tout aussi banale prend une valeur positive. Au sommet de votre art, vous déplacez des montagnes, vous criez EUREKA, vous exprimez votre substantifique moelle innovante créatrice empathique. Vous déroutez et on ne vous croit pas être l'auteur d'un tel acte, d'une telle action. C'est ce passage de la lumière à l'obscurité et de l'obscurité à la lumière que les détenteurs d'appareil non HP n'intègrent pas. Pire, ils traduisent en formatant vos intentions bienveillantes dans leur schéma de pensées ce qui transforment complètement les données à votre désavantages, majorant votre désarroi. Ce sont souvent ceux qui ne sont pas prêts à changer leur paradigme qui vous font le plus de préjudices. Les réfractaires au changement.

Voici une courbe pouvant représenter les oscillations émotionnelles au d'une journée.

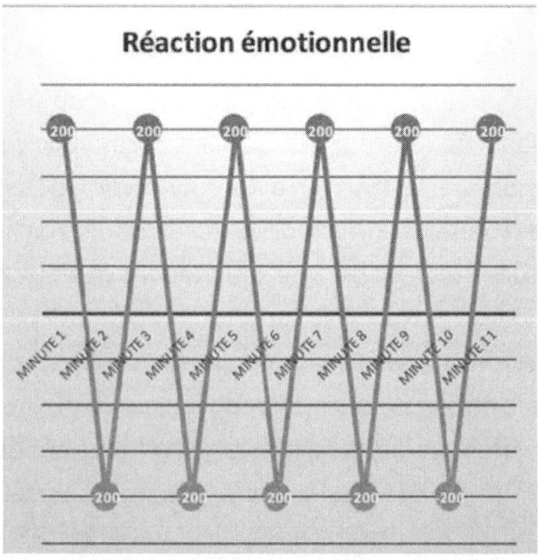

Votre travail sur vous, le développement personnel, vous permet de réduire l'amplitude et la durée des pics négatifs et d'accroître la surface sous la courbe positive. Vos oscillations se transforment en arc de plus en plus large et haut et en pointe de plus en plus courte et fine.

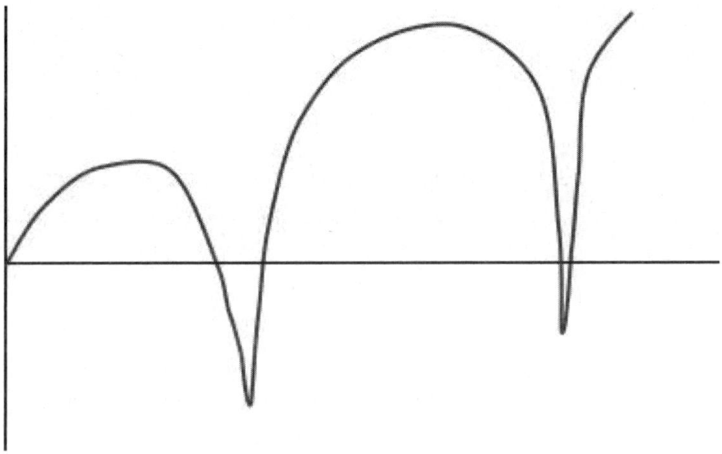

C'est votre prise de conscience que vous êtes seuls responsables de vos pensées négatives et vos actions, en abandonnant vos réflexes de pensées c'est lui qui, c'est l'autre qui... Parfois il faut des années d'expérience pour prendre conscience de cette évidence. La simple volonté d'être heureux peut modifier la première courbe. Modifier ce thermostat émotionnel en réduisant les écarts est un incontournable pour vivre dans le bonheur. Oui, c'est possible en le désirant très fort en y associant une autre incontournable, l'adaptation Ingéniez-vous à vous adapter.

Une anecdote qui illustre la présence d'un prisme permanent sur votre lentille optique

Les non HP analysent le monde avec leur sens en éveil. Les HP l'analysent avec un sens supplémentaire, le sens philosophique. Ceci est parfaitement illustré par les chuchotements d'Abdoulahi lors d'une de mes organisations de sortie éducatives et thérapeutiques avec des patients pour les aider à mieux gérer leurs traitements au quotidien.

> *« Une fois de plus, le départ de notre groupe ne dérogea pas à la règle. On rit, on plaisanta, on s'interpela. Des remarques fusèrent sur les retards. On se disputa les places pour bénéficier d'une vue panoramique, ou pour quelques-uns, d'une proximité des commodités, la rançon de l'âge. Le bus s'ébranla et par miracle un grand silence se fit, par égard peut-être pour le machiniste, ou gagné par la torpeur post prandiale parfois bruyante au grand dam des voisins. Notre objectif était de rallier Apt où gite et couvert nous étaient assurés. Ce qui fut fait. Le lendemain, notre groupe se dispersa dans les ruelles à la découverte de l'artisanat local et surtout pour déguster des fruits confits. Apt est reconnue comme la capitale de cette friandise. Le clou de notre voyage fut la visite du Colorado Lubéron. On évoqua ses gorges profondes par un cours d'eau dans une chaîne de montagnes aperçues dans les manuels scolaires ou dans les films de Sergio Leone ou de John Ford. Ici à une échelle différente, on put tout de même observer des mastodontes de terre ocre disséminés dans une vallée au milieu des arbres qui semblaient défier le ciel. Nulle part mieux que dans ce paysage, on ne pouvait sentir ce temps immobile, le retour des saisons, l'écoulement de la vie. La poésie se niche partout. Il y a la poésie du soleil, du temps qui passe, de la mort. Evidemment toutes ces sensations sont en accord avec notre affectivité.*

Affligés de pathologies diverses, nous sommes toujours prêts à jouir du moindre bonheur furtif. De là venait ce mélange d'insouciance et de tragédie, d'aptitude inouïe au bonheur de l'instant et de certitude que la faveur du destin nous sera comptée au plus juste. Je dis merci à l'organisatrice de ce voyage.
Mais au plus profond de moi, je reste mal à l'aise devant ce paysage que tous décrivent comme une merveille. Là où la foule perçoit une peinture flamboyante, que le soleil pare de chaudes couleurs, je ne vois que le triste résultat de la cupide et stupide démolition de la nature par les hommes. Une fois entamée l'exploitation de ce site dans les entrailles desquelles les ocres étaient cachés sous une végétation épanouie, les violents orages d'été ont vu leur puissance décuplée par l'absence d'obstacles et c'est aujourd'hui une désolation livrée aux touristes, marcheurs, vététistes qui, pour quelques euros, se paient le droit de parfaire le travail qui avec ses crampons, qui avec ses pneus. Que de blessures exposées et qu'on empêche de cicatriser. J'ai mal. A l'heure où les technologies nous le permettent, n'est-il pas temps comme on l'impose à beaucoup de carrières privées, de restructurer ces espaces meurtris, de les protéger, les nourrir pour qu'enfin, dans quelques années, se soit reconstitué une couverture végétale stabilisée et vivante qu'on pourra rouvrir à un tourisme plus intelligent et plus pérenne. Et qu'on arrête de comparer ces lieux avec ce qu'on peut voir dans les westerns. Les horizons nus et sauvages du Far West existaient bien avant l'homme. »

Bel ocre vivant
Au rythme et gré des saisons,
Partout je te sens.

Cultivez l'adaptation

La moindre parcelle de votre cerveau est aux abois, votre corps est à fleur de peau dans un monde que vous considérez comme hostile. Ce monde perd son inimitié lorsque vous commencez à vous comprendre et à vous adapter à l'autre sans vous appauvrir ou vous perdre.

S'adapter passe par une première prise de conscience, celle que vous fonctionnez plus rapidement et que vous percevez tout bien plus vite et plus intensément. Une fois ceci pris en compte, cela vous permet d'accepter le rythme des autres sans exaspération, ce qui transforme le monde en un milieu plus bienveillant.

Comprenez que l'antipathie que vous vivez des autres, n'est autre que le mépris de vous-même. Crémez-vous de clémence, de mansuétude et votre environnement vous apparaîtra bien plus accueillant. Vous adapter c'est vous mettre au diapason des autres, tout en continuant de jouer votre partition. C'est comme si vous appreniez une autre langue. Vous découvrez un nouvel alphabet, une nouvelle grammaire, de nouvelles expressions linguistiques. C'est un entraînement sur plusieurs années pour acquérir une certaine dextérité. Vous devez pratiquer quotidiennement pour conserver votre fluidité d'expression, votre intégration, et vous sentir dans un milieu conciliant, doux, humain dont vous êtes avides et dont vous avez absolument besoin pour vous épanouir. Plus tôt vous commencerez l'apprentissage de cette langue, mieux c'est.

Adaptez-vous à votre type d'interlocuteur. Attention, tout le monde n'est pas bienveillant. Tout comportement de gentillesse excessive avec un soupçon de son contraire doit éveiller votre sens critique et vous mettre sur vos gardes. Ce comportement est caractéristique des manipulateurs qui savent vous séduire par leur capacité à être faussement empathique pour répondre à vos besoins. Ils sont à l'affût de votre entraînement adaptatif à outrance, de votre hyper rapidité, et surtout de votre résilience, extrême endurance dans l'adversité. Vous devez absolument vous éloigner au plus vite et les fuir. C'est une question de survie. C'est aussi pour vous un exercice de style, que cette adaptation aux nuisibles par l'éviction. Ce n'est que plus tard une fois leur nuisance bien assimilée que vous pourrez les côtoyer ultérieurement sans risque pour votre santé.
Cultivez l'adaptation à vous-mêmes. C'est-à-dire l'adaptation adaptée et non l'adaptation à outrance pour être ce qu'on attend de vous. C'est cette adaptation à l'excès qui vous fait perdre pied et vous conduit à des prises de décisions catastrophiques pour votre évolution qui vous envoie au burn-out, au

chômage et vous expose à toutes les vicissitudes de la dépendance. Dites non à autrui pour dire oui à vous-même. N'hésitez pas à changer de cap professionnel en vous formant dans un autre domaine même s'il paraît éloigné de votre pratique professionnelle. Pour cultiver l'adaptation à vous-même, il est souvent nécessaire d'être guidé par un thérapeute.

La pratique quotidienne de l'adaptation, dans la créativité, amène à l'art de la simplicité qui contribue à lever les freins bloqués par un additif, votre perfectionnisme dévastateur. La simplicité débloque, donne un élan, fait pousser des ailes souples et puissantes. Savant dosage entre paix et harmonie, elle est l'aboutissement d'un chemin de vie, une hygiène de vie, une façon de vivre. Un nouveau genre spirituel.
La simplicité, c'est l'union parfaite entre ce qui est beau avec ce qui est pratique. Adaptez-vous à la simplicité.

Cultivez la simplicité

Pour connaître la fonction d'un gène, les chercheurs créent un prototype sans celui-ci, ce qu'on appelle un "knockout". C'est le manque de ce gène qui permet sa connaissance. C'est en pratiquant la simplicité, inspirée de l'art japonais que je me suis rendu compte à quel point la complexité avait une influence négative sur la qualité de vie. Ce que je nomme complexité est votre grande propension à tout décortiquer, à vouloir tout comprendre sans attendre. Vous vous perdez dans le labyrinthe de vos analyses stériles. Cet état d'esprit bouillonnant amplifie votre mal-être, contrairement à ce que vous pouvez imaginer. La simplicité est une valeur positive et enrichissante. C'est posséder peu pour laisser la voie à l'essentiel.
La simplicité, c'est créer une harmonie entre très peu d'objets.

Knockout de la complexité

Faites l'expérience de ce knockout de la complexité et vous constaterez par vous-même les effets produits. Pour ceux qui auraient quelques difficultés, je vous indique quelques chemins pour y arriver. Je vous propose des ingrédients à saupoudrer dans votre quotidien pour larguer votre grosse valise de nœuds compliqués et prendre un petit sac de voyage de rubans simples.

Acceptez la vie telle qu'elle s'offre à vous avec sa part de négatif, présent pour servir de leçon de vie. Abandonnez vos réflexes de vouloir tout expliquer, analyser, disséquer en permanence sans laisser le temps agir. Laissez mûrir les choses pour en tirer la quintessence. Ce temps précieux vous donnera une solution limpide en augmentant votre compte énergie. Vous aurez ainsi l'énergie de ranger votre environnement et pourrez vivre zen. Ranger votre espace a un effet immédiat sur votre grenier neuronal. Effet miroir extraordinaire. Aménagez votre lieu de vie en pensant constamment à deux dimensions : esthétique et pratique. Si vous agencez dans le beau sans cette propriété pratique essentielle, vous perdrez en simplicité. Si vous classez sans cet attribut beau qui vous colle à la peau, vous perdrez aussi en simplicité. L'art de la simplicité c'est pouvoir allier l'esthétique à la praticité dans tous les domaines. Dévoilez et aiguisez votre esprit créatif laqué de sens pratique. Vous vivrez zen.

Méthodologie

Débarrassez-vous des objets du passé qui vous empêchent d'avancer. Les objets sont les récipients de vos émotions. Sélectionnez des articles chargés positivement, avec autant de plaisir que de commodité. Délestez-vous de tout ce qui est abîmé, cassé, ébréché, chargé négativement. Ne laissez ni la médiocrité, ni le passé lourd envahir votre univers. Apprenez à préciser vos goûts. Définissez le jardin de vos rêves. Achetez un fauteuil le plus ergonomique et confortable possible. En faisant ce tri, vous rangez votre armoire cérébrale et votre effervescence non organisée disparaît sans effort en un clin d'œil. Vous obtiendrez la disponibilité ce qui a pour conséquence immédiate d'accroitre votre pouvoir de concentration, et par ricochet votre efficience.

Réorganisez votre vie sous un jour plus gai, plus vivant et persuadez la personne qui partage votre vie de vous suivre. Dites adieu à l'inertie, à l'accumulation, aux chansons tristes, aux gens maussades, à toutes ces amas de poids morts qui aveuglent et empêchent toute concentration. Epurez votre intérieur. Plus vous vous délestez, moins ce qu'il reste est indispensable. Préférez le vide à l'opulence. La cause de la misère c'est justement cette soif de possession, l'avidité. Moins vous avez, plus vous êtes libres et épanouis. Par exemple, la fluidité de votre maison, sans exclure le confort et le raffinement, entraîne un minimum d'entretien, préserve votre équilibre et votre dignité. Vous cessez de vivre dans la peur et le doute. Vous laissez échapper de vos cellules des bulles de bonheur. Vous buvez un pétillant de vie.

Mise en pratique

La sobriété est une manière de vivre intelligente. Essayez de faire tenir l'essentiel de votre vie dans un sac de voyage pour être prêt à partir à tout moment. Choisissez vos trésors parmi des objets du quotidien naturels, ordinaires. La vraie beauté se trouve tout près de vous. Vous ne la voyez pas parce que vous cherchez trop loin.

Essayez un concept nouveau : prenez un arc et tirez sans viser. Tirez sans vous soucier de la cible. Tendez l'arc jusqu'à ce que la flèche parte. Pendant cette tension, la cible devient floue, elle se rapproche de vous jusqu'à s'unir. Si vous et la cible ne faites qu'un, la flèche partant du centre entre dans le centre. Il ne faut pas viser la cible, mais soi-même. Quand vous vous mettez en position de tirer, votre esprit se concentre pour parvenir à un état de méditation. Une fois arrivé à cet état, vous interprétez le monde différemment. Votre attitude, vos gestes envers les objets se trouvent modifiés. Cherchez votre arc et votre cible. Trouvez cette harmonie complémentaire de deux éléments : visible et invisible. Et vous tisserez un arc-en-ciel dans votre maison.
Recherchez la limpidité, l'absence de rigidité en pratiquant des assouplissements, une activité physique. Vous rayonnerez de l'intérieur et par transparence, vous irradierez à l'extérieur.

L'art haïku

Un haïku est un poème court japonais de trois lignes et dix-sept syllabes réparties à l'origine en 5/7/5 unités de sons japonais, plus ou moins comparables à nos syllabes. Aujourd'hui, il est pratiqué partout dans le monde.
Je l'ai découvert lors d'un concours de Haïkus organisé par un mensuel, à coupler avec une photo illustrative. L'esprit des haïkus fleurit ma vie. De mes états d'âme tourmentés, je couche trois lignes d'états d'âme allègres. Ils m'émerveillent comme un enfant devant le sapin de Noël. Ils me rendent consciente de la grâce d'un moment et du temps qui passe trop vite. Il a un pouvoir méditatif. Prenez exemple :

Allons voir la neige
Jusqu'à nous endormir
Sur la lande à nue.

Sous le miroir
Des roses écloses
La source s'épanouit.

Nuage de neige
Mont Blanc cacheté de gris
Je marche content.

Résumé-Synthèse

Polissez cette pierre précieuse que vous êtes. Mettez en valeur son éclat par des soins du corps, de l'esprit. Choyez votre âme, cette étincelle bleuâtre qui se déplace à une vitesse incroyable.

Consommez quotidiennement un soupçon de ces ingrédients parfois amers :

Tout ce qui vous arrive est là pour vous apprendre quelque chose.

Donnez moins et prenez plus.

Vivez sous vos lumières et non sous les rampes d'un plateau de théâtre.

Ne désirez pas quelque chose qui ne dépende pas de vous, vous éviterez d'être malheureux.

Acquérez la sécurité financière pour garder votre indépendance et votre dignité.

Refusez de ressasser de vieilles blessures, rancunes qui encombrent et empêche de réfléchir.

Chassez le négatif pour accroître votre concentration, votre réservoir d'énergie.
Pratiquez quotidiennement des activités à consonance positive, vous attirerez le positif.
Mettez du pétillant dans la routine.
Cultivez votre enthousiasme, ce sentiment qui vous pousse à agir.
Restez libre en refusant une invitation sans donner la moindre excuse.

Exercez votre art de la simplicité

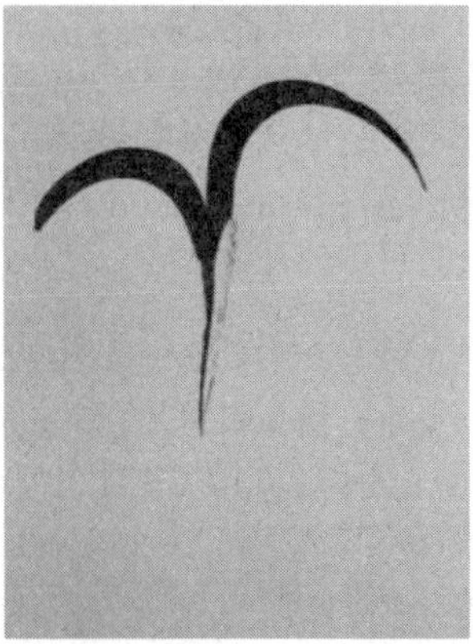

Dans les mains
de la mer
Tremblent les ailes
du héros
Serties de puissance

Cet œil regarde
Caché dans la
paix du cœur
Mille ans de
tourments

Conclusion

Certaines vies sont des étangs impassibles sans passion, sans drame, sans heurts. D'autres traversent des fêlures indélébiles. Ces brisures s'atténuent ou non et créent une myriade de nervures qui finissent par tout contaminer et mettre en péril la solidité de l'ensemble. Votre vie d'adulte HP, au préalable enfant, en est le plus bel exemple.

Vous pouvez choisir de cacher votre HP, de le réduire à néant pour ne pas choquer le groupe, la famille, pour vous dissoudre dans la norme. Cependant, ce HP pèse tout au long de votre vie sur votre comportement, sur votre rapport avec le monde sur votre chemin. Ce ressenti détermine vos choix de vie d'autant que cette différence sera ou non tolérée. Le HP est pris en grippe. C'est un intrus qui ne rentre pas dans la case comme le cygne noir. Il existe une cruauté permanente du groupe envers l'intrus. On mesure à l'aube de la souffrance éprouvée, le poids de la différence dans la vie d'un homme, d'une femme. Beaucoup de souffrance, d'inhibition, réduisent, influencent les choix, ou bouchent l'horizon. Celui qui est cygne noir apprend très tôt dans la solitude à se protéger psychologiquement des difficultés intimes qu'il rencontre. Tantôt vous allez de l'avant et réussissez. Tantôt vous vivez un clivage permanent entre votre personnalité profonde et vos valeurs auxquelles vous êtes attachés. Vous prenez votre masque de cire que vous revêtez pour vous mettre à l'abri ou vous intégrer. Souvent, vous utilisez l'autodérision pour vous faire accepter et écartez les questions gênantes qui pourraient vous dévoiler en tant que différent : difficultés à s'adapter au monde, mal-être caractéristique chez l'adulte, abattement, comportement dépressif qui conduit à un échec affectif social et professionnel. On vous supporte de moins en moins, surtout quand vous vous marginalisez et faites de plus en plus vivre vos secousses telluriques. On fabrique des anticorps de plus en plus violents contre vous, antigènes trop différents.

Lorsqu'on parle d'enfant HP dans l'enfance c'est plus facile. Par contre, comment y croire adulte ? Moi, HP, comment oser penser cela ? Pourtant vous êtes HP. Etre HP est plus un mode de fonctionnement particulier avec ses cadeaux et ses fardeaux. Ce fonctionnement se poursuit dans le temps. Après l'enfance, après ce bouleversement du moment de l'adolescence, vient l'âge adulte. Vous, ces enfants atypiques qui avez souvent rencontré sur votre itinéraire des obstacles inattendus, devenez des adultes avec cette personnalité que vous cherchez trop souvent à étouffer. De l'enfant précoce à l'adulte épanoui, il s'agit souvent d'un parcours de combattant.

Vous, adultes HP, avez souvent cette intuition tenace, comme quoi vous êtes ce cygne noir. Malgré cette sensation de décalage persistant, malgré ce sentiment confus d'être incompris, vous vous posez le sens de votre histoire, comment comprendre ce qui vous est arrivé. Maintenant, vous vous reconnaissez dans ce profil si différent de HP. Il est important de vous connecter avec cette part de vous-même qui rassure. Se sentir enfin compris dans ce que l'on est, est la première marche vers le bonheur. Certains d'entre vous sont en perdition. En étant compris, vous remarcherez sur un chemin praticable. Vous découvrir HP, c'est comme si vous repreniez une coloration normale, que les ramures de votre cerveau laissaient filtrer les rayons du soleil comme un tamis. C'est comme si vous ne passiez plus à côté de votre vie. Il vous faudra apprendre à gérer ce paradoxe, votre extrême intelligence associée à vos débordements émotionnels, source de bien des ennuis et échecs. Ressentir et percevoir avec une extra lucidité génère une réactivité émotionnelle particulière anxiogène. Ce n'est pas parce que vous avez un haut potentiel reconnu ou non que vous allez réussir en tout. Potentiel n'est pas synonyme de performance, de réussite. Ignorer ce monde HP aux caractéristiques communes, revient à vivre de façon bancale, favorise le lit des malheurs, condamne à une errance angoissante dans laquelle la singularité est plus vécue comme un fardeau que comme un cadeau.

S'épanouir n'est facile pour personne. Le mode d'emploi du bonheur avec la peur de se brûler les yeux et les ailes au cœur de l'émerveillement est difficile à décoder chez les adultes HP.

Souvent, les adultes HP épanouis ont un parcours atypique, souvent sinueux semé de pierres qui s'enchaînent à un rythme effréné, plein d'originalité. Ces cygnes noirs discutent avec Socrate et se costument en caméléon. La connaissance de soi passe avant tout par la reconnaissance de son haut potentiel, présent dès l'enfance et l'abandon du déni. L'adaptation est le moteur de la résilience imposée à ces êtres délicieux. Une personne HP est un univers inconnu et mystérieux à explorer qui tombe dans les pièges, surtout lorsqu'elle ignore la topographie de son univers. Cette expédition complexe a souvent besoin d'un guide expérimenté. Le dépistage de votre HP est le début d'une aventure passionnante, à la découverte de ce trésor, vos propres dons qui ne sautent pas toujours aux yeux. Peu à peu, l'écheveau de l'incompréhension, de la culpabilité depuis votre enfance, se défait. Fouillez à l'intérieur de vous-même pour découvrir votre mine d'or. Dévoilez vos talents latents, vos talents refoulés, votre HP réel. Dépliez vos ailes cachées et envolez-vous vers la rencontre de votre HP en chassant vos démons qui ne désirent qu'une chose : les replier, les coller à votre corps. Soyez audacieux, mettez du soleil dans vos idées et sortez du moule. Alors vous serez un adulte HP, un cygne noir, heureux. Votre vie est une succession de tentatives pour savoir qui vous êtes. Faites la paix avec vous-mêmes.

Lorsque vous vous nourrissez de tout ce qui va bien, cadeau, vous trouvez la force d'affronter tout ce qui va mal, fardeau. Bonheur vous contemple et Soupires passent au travers de la fenêtre.

Vous avez maintenant les clés pour éviter la perte d'énergie et l'asphyxie à lutter contre la différence, l'incompréhension et l'étroitesse de vue d'autrui. Soyez vrai, la vitamine de la relation. Restez attentif à cette hygiène de conscience, cultivez votre bonheur, en prenant soin de votre carburant intérieur, la créativité.

J'espère vous avoir aidé à poursuivre ou construire une vie qui vous ressemble, ainsi qu'à devenir une adulte HP heureux. Mon plus grand bonheur est qu'une personne au moins se reconnaisse, pour qu'elle rattrape vingt ans d'absence par le sourire de ces lignes. Je souhaite que ce livre ouvre des portes à des personnes qui, jusque-là, ignorent ce qu'elles sont profondément pour qu'elles portent un regard différent sur leur existence, pour qu'une nouvelle histoire débute.

Je vous souhaite, élèves HP,
de dépasser avec virtuosité vos maîtres HP
Qui vous nourrissent de leur savoir et leur expérience.

Je suis joignable pour tout renseignement à :

docteurendocrino@gmail.com

www.valeriefoussier.com

Retrouvez les témoignages de plusieurs intervenants :
http://congresprecoces.blogspot.fr/

Achevé d'imprimer en septembre 2025
sur les presses de la Nouvelle Imprimerie Laballery
58500 Clamecy
Dépôt légal : septembre 2025
Numéro d'impression : 509258

Imprimé en France

La Nouvelle Imprimerie Laballery est titulaire de la marque Imprim'Vert®